FAUST

KİTAPZAMANI

KitapZamanı

Batı Klasikleri
Faust

Yazar
Goethe

Hazırlayan
Cafer Şimşek

Kapak Tasarım
Salih Koca

Mizanpaj
İki Gölge Tasarım

Baskı Cilt
Saray Matbaacılık Ltd. Şti.
Merkez Mah. Polat Sok. No. 2
Pursaklar/ANKARA
Tel: (0312) 527 28 90

Baskı Yeri ve Tarihi
Ankara, Mayıs 2006

ISBN
9944-353-04-3

KİTAPZAMANI
Çatalçeşme Sok. Muhtar Aykın Han
No. 19/1 Cağaloğlu/İSTANBUL
Tel: (0212) 520 07 40 -512 83 79
Fax: (0212) 511 87 23

FAUST

KİTAPZAMANI

Johann Wolfgang von Goethe (28 Ağustos, 1749 – 22 Mart, 1832), ünlü Alman şair, oyun yazarı ve düşünürdür.

Goethe, 1765'de hukuk eğitimine başladı.

Üç yıl Leipzig'te kalan Goethe, 1 Ağustos 1768 günü kan tükürmeye başlar; 28 Ağustosta da Frankfurt'a dönmüştür. Din ve mistisizmle tanışması bu dönemdedir. Vaktinin büyük çoğunluğunu hastanelerde geçirmeye başlar.

6 Ağustos 1771'de tezini vererek hukuk doktoru ünvanını alır ve Frankfurt'a döner.

1801 yılında hastalanır. Günlerce ölümle pençeleşir. Ruh durumu iyice bozulur.

1823 yılından sonra evinden pek ayrılmaz, 15 Haziran 1828'de Dük ölür; 1830'da İtalya'da bulunan oğlu ölür. Bu ölümler Goethe'yi çok etkilemiştir. 22 Mart 1832 günü yaşama gözlerini kapar.

Eserleri

- Balladlar
- Şiirler
- Toplum Türküleri
- Annette'in Kitabı
- Tatlı Ksenia'lar
- Batı Doğu Divanı
- Sevgi Üçlemesi
- Faust
- Götz von Berlichingen
- Clavio
- Egmont
- İphigenie Tauris'te
- Torquato Tasso
- Aşığın Kaprisi
- Stella
- Pandora
- Kardeşler
- Prometheus
- İlettiğimiz Şey
- Muhammet (tamamlanmamıştır)
- Halk Generali
- Akhilleus
- Elpenor(tamamlanmamıştır)
- Duygululuğun Zaferi
- Genç Werther'in Acıları
- Wilhelm Meister'in Tiyatroculuğu
- Suç Ortakları
- Wilhelm Meister'in Çıraklık Yılları
- Wilhelm Meister'in Yolculuk Yılları
- Ruh Yakınlıkları
- Günlük
- İsviçre Mektupları
- İtalya Yolculuğu
- Fransa Seferi
- Mainz Kuşatması
- Kendi Hayatımdan Şiir ve Gerçek
- Yıllık

BİRİNCİ PERDE

Şirin bir yer:

Faust çiçekli çimenler üzerine uzanmış, yorgun, ıstırap içinde, uyumaya çalışıyor. Halka olup çırpınarak uçuşan ruhlar, sevimli küçük hayaletler görünmektedir...

Ariel

(Aol harpları refakatinde şarkı)

Baharın çiçek yağmuru her şeyin üstüne süzüle süzüle düşerken, kırların yeşil bereketi de, bütün yeryüzü evlâtlarına gülümserken, küçük perilerin büyük ruhu, yardımda bulunabileceği her yere koşar. İster mübarek olsun, ister kötü, felâkete düşen bir adam, onu yola getirir. Ey bu başın etrafında bir hale şekilde uçuşanlar, asîl periler gibi burada kendinizi göstererek, şu kalbin azgın mücadelesini dindirin. Geçirmiş olduğu korkuyu, içinden söküp atın.

Gece vaktinin dört aşaması vardır: Bunları kaçırmadan, hayırlı işlerle doldurunuz. İlk önce başını serin bir yastığa dayayınız, sonra onu Letbe'nin taşkın sularından çıkan şebnemlerle yıkayınız. Eğer güne karşı kuvvetlenmiş bir halde yatarsa, kaskatı kesilmiş uzuvları çabucak yumuşar. Perilerin en güzel vazifesini ifa ederek, onu tekrar o mübarek ışığa kavuşturunuz.

Koro

(Teker teker, ikişer ikişer ve birçokları bir arada, yer değiştirerek ve hep birlikte).

Yeşillere bürünmüş olan ovanın etrafında rüzgârlar ılıkaşınca, fecir bize güzel kokular gönderiyor ve sis tüllerini üstümüze örtüyor. Kulağımıza tatlı bir sessizlik fısıldıyor, kalbimizi çocuk sadeliği içinde sallıyor. Şu yorgunun yüzüne de, günün kapısını kapatıyor. Artık karanlık bastı. Mübarek yıldızlar birbirlerine kavuşuyorlar. Büyük ışıklarla küçük şerareler, yakından kıvılcım saçıyor ve uzaktan parlıyorlar. Burada gölün sularına aksederek pırıldıyorlar, tâ yukarıda, gecenin berraklığı içinde ışıldıyorlar. En derin sükûnetli bir mutluluğu mühürleyin ay da, bütün ihtişamıyla egemen oluyor. Artık onlar geçti, o acı ve o mutluluk maziye karıştı. Önce bunu hisset! Sen şifa bulacaksın: Yeni doğan güne güven. Vâdiler yeşilleniyor, tepeciklerin üstleri kabarıyor, fundalıklar gölgede dinleniyor, ekinlerin narin başakları da, gümüş gibi dalgalanıyor. Arzular beslemek isteğini edinmek için, oradaki parlaklığa bak! Sen ancak hafifçe sarılsın. Uyku bir örtüdür, onu üstünden atıver gitsin! Âlem tereddüt içinde bocalayıp dururken, sen cüret göstermekte gecikme. Anlayan ve çabuk işe girişen asîl bir adam, her şeyi başarabilir.

(Dehşetli bir gürültü, güneşin yaklaştığın haber verir).

Ariel

Dinleyin! Kore'lerin gürültüsünü dinleyin! Ruhların kulaklarını çınlatarak, yeni gün doğuyor artık. Kaya kapıları çatırdayarak açılıyor. Febüs'ün tekerleri gıcırdayarak dönüyor. Şu ışık da nasıl bir uğultu meydana getiriyor! Trampetler çalınıyor, borular ötüyor, gözler kamaşıyor ve kulaklar şaşırıp kalıyor. Halbuki işitilmemiş şeyleri işitiliyor. Çiçeklerin göbeklerine sokulunuz, sessiz bir yere sığınmak için, daha derinlere, daha derinlere, kayaların arasına, yaprakların altına giriniz. Bu gürültüler size ulaşırsa sağır olursunuz.

Faust

Hayatın nabızları, yüreklere ferahlık veren fecri, muhabbetle selâmlamak için, sade bir zindelikle atıyor. Ey toprak, sen daha bu gece sabittin. Halbuki şimdi, yeniden canlanarak, ayaklarımın dibinde nefes alıyorsun. En yüksek varlığa doğru sıradan hareketlerle konuşmak için, içimde kuvvetli bir azim uyandırıyor ve onu harekete geçiriyorsun. Artık dünya fecrin boşluğuna bürünmüş bulunuyor. Ormanlar bin bir hayat sesiyle çınlıyor. Vâdilerin birbirinden çıkıp diğerine giren sis tabakaları, her tarafa yayılıyor. Fakat gökyüzünün berraklığı, hem derin yerler kadar nüfuz ediyor. Yeniden kuvvet bulan dallarla budaklar, içerisine gömülüp uyudukları çukurlardan, fırlayıp çıkıyorlar. Üzerlerine titrek inciler serpilmiş çiçek ve yapraklarla kaplı zeminden sıyrılıp meydana çıkan renkler bile seçiliyor.... Dört bir etrafı cennete dönüyor. Bir de yukarıya doğru bak!. Dağların muazzam tepeleri, şimdiden o en muhteşem anın yaklaştığını müjdeliyorlar. Sonra yüzün bize doğru çevirecek olan o ebedî ışıktan, onlar bizden önce istifa etmek hakkına sahip bulunuyorlar. Şimdi Alp yaylasının yeşillikler içinde yüzen çayırları, yeni bir parlaklık yayıyor. Ne yazık ki şimdiden gözlerim kamaştı ve bu acıya dayanamayarak, başımı çevirmeye mecbur oluyorum. İnsan ümit gelgitleri içinde, bütün samimiyetiyle ortaya çıkarmaya çalıştığı en yüksek arzusunun kapılarını, ardına kadar açık bulunca, böyle oluyor işte. O zaman ve ebedî derinliklerden muazzam bir alev fışkırıyor, ve şaşırıp kalıyoruz. Biz hayatın meşalesini yakmak isterken, etrafımızı bir ateş deryası sarıyor, hem de ne ateş! Bizi böyle kızgın aleviyle saran, ilk gençliğimizin etkisi altında gizlenmek üzere, bizi tekrar yere bakmaya mecbur edecek kadar müthiş acı ve sevinçleri, içimizden değişerek geçiren, acaba aşk mıdır? Yoksa kin mi? O halde, varsın güneş benim arkamda kalsın! Ben, gittikçe artan bir hayranlıkla, kayaların arasında çağlayan şelâleyi seyrediyorum. Kayadan kayaya yuvarlandıkça, önce binlerce ve sonra sayısız akıntılar bölünerek, tâ yükseklere kadar havaya öfkeli köpükler saçıyor. Sakin bir fırtınanın serpintilerinden, etrafa kokulu ve serin kokular saçan, kâh bütün berraklığıyla yansıyan ve kâh havada eriyerek kaybolan kararsız gökkuşağı, ne muhteşem bir kavis teşkil ediyor. İşte bu, insan faaliyetinin bir aynasıdır. Bunu zihninde yeniden canlandır. O zaman daha mükemmel anlayacaksın ki; bize bu renkli hayal görkemli bir hayat bağışlıyor.

İmparator Sarayı

(Devlet Şûrası, imparatoru beklemektedir. Borazanlar. Muhteşem elbiseler giymiş her rütbeden saray çalışanı, ön sırda yer aldılar. İmparator gelip tahtına kurulur. Büyücü onun sağına geçer)

İmparator

Yakınlardan ve uzaklardan gelip burada toplanan sadık ve sevgili dostlarımı selâmlarım... Âlimi yanı başımda görüyorum ama, soytarı nerede kaldı?

Asilzade

Merdivende, mantomun eteğinin hemen gerisinde yere yıkıldığı için, kaldırıp götürdüler o yağ küpünü. Ölmüş mü, yoksa sızmış mı? Kimse bilmiyor...

Diğer asilzade

İşte bir başkası, şaşılacak bir süratle, onun yerine koşup geliyor. Pek de şık giyinmiş. Bununla beraber kılığında, herkesin tuhafına gidecek kadar maskaralık var. Kapıda, nöbetçiler silahlarını önüne doğru, çaprazvari uzattıkları halde, yine buraya gelebilmiş cüretkâr divane!

Mephistopheles

(Tahtın önünde biz çökerek)

Hem nefret edilen, hem de daima iyi karşılanan nedir? Hem özlenen, hem de daima kovulan nedir?

Daima himaye edilen nedir?

Şiddetle hakarete uğrayan ve suçlanan nedir?

Kimin adını herkes duyunca memnun olur?

Tahtımın basamaklarına yaklaşan nedir?

Kendi kedini sürgüne gönderen nedir?

İmparator

Bu seferlik kısa kes! Bilmece söylenecek yer değil

burası. Hem bu iş, bu bayların vazifesidir. Kendin hallet bunları! O zama memnuniyetle dinlerim. Benim eski soytarım gitti, hem de korkarım ki, pek uzaklara. Onun yerine sen al ve yanı başıma geç.

(Mephistopheles yukarı çıkar ve imparatorun soluna geçer)

Kalabalığın mırıltısı

Yeni bir soytarı... Bir baş belâsı daha.. Bu da nereden geldi?.. Nasıl da içeri girdi?.. Öteki yuvarlandı gitti... O kendisini heba etti.... Eskisi bir fıçıydı... Şimdiki de bir çöp parçası...

İmparator

Ey benim sadık ve sevgili dostlarım, yakınlardan ve uzaklardan hoş geldiniz! Yıldızlarımızın bize güldüğü bir sıra toplanıyorsunuz. Onlar bize yukardan refah ve saadet vadediyorlar. Fakat söyleyin bakalım, üzüntüleri üstümüzden atmak ve karnaval maskelerini takıp, ancak neşe yaşamak istediğimiz şu günlerde, neden böyle meclis kurarak kendimizi sokuyoruz? Fakat madem ki siz bunun başka türlü olamayacağı fikrindesiniz ve artık toplanmış bulunuyorsunuz, haydi öyle olsun!

Başvekil

İmparatorumuzun başını, azizlerin yüzünü çerçeveleyen bir nur gibi süsleyen ve ancak onun hükümran kılabileceği en yüksek bir fazilet vardır ki, o da adalettir! Bütün insanların sevdiği, herkesin özlediği, arzu ettiği ve vazgeçemeyeceği şeyleri, millete bahşetmek onun elindedir. Fakat heyhat! Devlet içerden baştanbaşa kasıp kavrulurken, bir sürü fenalıkların üstünde de kuluçka gibi otururken, insanların kafalarındaki zekâ, kalplerindeki iyilik ve ellerindeki kabiliyet, neye yarar ki? Bu yüksek mevkiden başını eğip de muhteşem ülkemize doğru bakan bir kimse, orada bir sürü gariplerin hükmettikleri ve kanunsuzluğun kanun gibi hükümran olduğunu görerek, bunu bir korkulu rüya zanneder ve bütün bir işaret âleminin, karşısında perde perde açıldığını görür. Kimisi sürüleri aşırıyor, kimisi bir kadını kaçırıyor, kimi de kilisenin mihrabından buhurdanlık ve mum çalıyor; senelerce böyle şöhret bularak, bir kılına bile zarar gelmeden, rahat rahat yaşıyor. O zaman şikâyetçiler mahkemeye koşuyorlar ve hâkim yüksek kürsüsünde herkese emrederken, kargaşanın gittikçe artan kalabalığa, azgın bir tufan gibi dalgalandığı gözleniyor. Öteki rezalet ve cinayetleriyle övünebiliyor, bir diğeri suçunu ortağına yükletir ve ancak bizzat kendisinden başka yardımcısı olmayan mâsum ilân ediyor! İşte böyle herkes, kendisinden ait olan şeyleri parçalamak, iptal etmek istiyor. Bizi doğru yola yönlendiren biricik kuvvet olan şuur, bu vaziyette nasıl gelişebilsin? Nihayet, iyi bir adam bile fesatçılara kapılıyor. Ceza vermeyen bir hâkim, işin sonunda canilerle ortak olur. Ben kara bir tasvir yaptım. Bununla beraber bir gülistanı bu manzaraya tercih ederdim.

(Biraz susar)

Kesin kararlardan kaçınmamak lâzım. Eğer böyle herkes zarar yapar ve herkes ıstırap çekerse, o zaman saltanat bile yağmaya uğrar.

Serasker

Şu uğursuz günlerde de, ne çok kargaşalar oluyor!

Vuran vurana, vurulan vurulana. Kumandaya karşı da, herkes sağır kalıyor. Şehirliler surlarını arkasında, derebeyleri de kayalıklar üstündeki yuvalarında, bize karşı mukavemet etmek için yemin etmişler, kuvvetlerini sımsıkı tutuyorlar. Ücretli askerler sabırsızlanıyorlar ve bağırıp çağırarak ücretlerini istiyorlar. Onlara artık hiç borcumuz kalmayacak olsa, büsbütün kaçıp gidecekler. Hepsinin istediği şeyi, bir kimse yasak etmeye kalksa, arıların yuvasını bozmuş gibi oluyor. Onların güya muhafaza edecekleri memleket yağma ediliyor ve yakılıp yıkılıyor. Gazaplarının ortalığı azgınca kasıp kavurmasına izin veriliyor ve bu arada dünyanın yarısı harap oluyor. Şurada birçok krallar da var. Fakat bunların hiçbiri, bu işlerin kendilerini herhangi bir şeklide ilgilendirmeyeceğini düşünmüyor.

Haznedar

Müttefiklerimiz var diye kim güvenebilir ki? Bize vadedilen yardımlar çeşme suları gibi kesiliyor. Hem sonra, efendimiz, senin ülkelerinde mülkiyet kimlere geçti? Nereye gidilse, orada bir türedi tasarruf iddiasında bulunuyor ve bağımsız yaşamak istiyor. Onun bu işi nasıl yaptığını seyretmekten başka da bir çere kalmıyor. O kadar çok haklar bağışladık ki, artık bizim hiçbir şey üzerinde bir hakkımız kalmadı. Bugün şu parti denilen şeylere de güvenilmiyor. İster sövüp saysınlar, ister övgüde bulunsunlar, onların sevgileri de, kinleri de hep aynı ayarda oluyor. Ghibellin'ler de Guelf'ler gibi, rahat rahat keyiflerine bakmak için, saklanıyorlar. Şimdi komşusuna yardım etmek isteyen var mı ki? Herkesin kendi işi başından aşmış bulunuyor. Altın madenleri göçmüş; herkes kazıyor, eşeliyor ve topluyor da, bizim kasalarımız bomboş duruyor.

Vekilharç

Ben de ne uğursuzluklara şahit oldum! Günden güne biraz daha idareli davranmak istediğimiz halde, gün geçtikçe ihtiyaçlarımız artıyor. Her gün içimde yeni bir azap duyuyorum. Gerçi aşçılar hiçbir kıtlık çekmiyorlar: Yaban domuzları, geyikler, karacalar, hindiler, tavuklar, kazlar ve ördekler, hâlâ şöyle böyle geliyor, ödenek de sağlam bir şekilde henüz az çok çıkıyor. Bununla beraber sonunda, şaraptan yana yokluk çekiliyor. Eskiden, en iyi bağlardan, en bereketli mevsimlerde gelen şarapların fıçıları, mahzende üst üste yığıldığı halde, asîl bayların sonsuz içki âlemleri, bunları son damlasına kadar kuruttu. Şehir meclisinin toplantılarında bile mutlaka içki içiliyor, üstelik kâselere, tabaklara el uzatılıyor ve ziyafet sofranın altına geçiyor. İşte ben bütün bu masrafları ödemek, herkesin ücretini vermek mecburiyetindeyim. Yahudi beni kayırmıyor: Seneden seneye çoğalan faizleri peşin alıyor. Yatağımızın yastığı bile rehinde. Sofranın üstüne de vaktimden önce yenilen ekmek geliyor.

İmparator

(Biraz düşündükten sonra Mephistopheles'e)

Söyle bakalım soytarı, senin de bildiğin bir felâket yok mu?

Mephistopheles

Etraftaki gösterişi, seni ve sana mensup olanları gördükçe, böyle bir şey hiçbir zaman aklıma gelmez!.. Saltanatının su götürmez bir şekilde hüküm sürdüğü, hazır duran kuvvetlerinin her düşmanca hareketi dağıtabileceği bir ülkede, dirayetle takviye edilmiş bir iyi niyetin ve bu kadar değişik bir faaliyetin varlığını hissettirdiği bir yerde, emniyet eksik olabilir mi? Böyle yıldızların parladığı bir memlekete kötülük yapmak ve ortalığı karartmak amacıyla hangi kuvvetler birleşebilir?

Fısıldaşmalar

Çok kurnaz biriymiş bu... Hem de çok anlayışlı... Mükemmel uyduruyor... Uydurabildiği kadar.... Ben şimdiden anladım... Bunun altında nelerin gizli olduğunu.... Eh sonrası?.. Bu bir plândır...

Mephistopheles

Bu dünyada hiçbir yer var mıdır ki, orada bir eksiklik olmasın? Kimisinde şu, kimisinde de bu eksiktir. Burada ise, eksik olan paradır. Gerçi bu kaldırımların üstünden toplanmaz fakat akıl ve dirayet en gizli şeyleri bile meydana çıkarabilir. Dağların damarlarında ve duvarların temellerinde, külçe veya para şeklinde altın bulunabilir. Bunu kimin bulup çıkaracağını mı soruyorsunuz: Marifetli bir insandaki tabiat ve akıl kuvveti...

Başvekil

Tabiat ve akıl... Hıristiyanlara böyle şeyler söylenmez. Bu yüzden dinsizleri ateşte yakıyorlar, çünkü böyle sözler son derece tehlikelidir. Tabiat günah, akıl da şeytandır. Bunlar, kendini bilmez şüphelileri aralarına alıp korurlar. Bize böyle şeyler gelmez!.. İmparatorun eski ülkelerinde yalnız iki cins insan yetişmiştir: Ruhaniler ve asilzadeler. Bunlar onun varlığını vakarlı bir surette muhafaza ederler, her fırtınaya göğüs gererler ve mükâfat olarak, kiliseyle devletin idaresini ele alırlar. Halkın aklını karıştıran düşünceler taşırlar ve bunlar dinsizlerdir! Sihirbazlardır! Bütün şehirler ve memleketi egemenlikleri altına alıyorlar. İşte sen küstahça şakalarla, bu yüksek makamlara bunları sokmak istiyorsun. Siz, kalbine fesat dolmuş olan birine kapılıyorsunuz, bunlar soytarının yakın akrabasıdır.

Mephistopheles

Sizin bilgin biri olduğunuzu, şimdi daha iyi anladım! Elinizle dokunamadığınız size göre millerce uzaktır. Avucunuzun içinde olmayan bir şey, sizin fikrinize göre yoktur. Düşünemediğiniz şeyleri hep yalan olarak biliyorsunuz. Tartmadığınız bir şeyin sizce hiçbir değeri yoktur. Kendinizin basmamış olduğu paraları da, geçmez zannediyorsunuz.

İmparator

Bunlarla bizim ihtiyaçlarımız temin edilmiş olmuyor. Perhiz menülerine benzeyen bu sözlerinle, ne demek istiyorsun? Artık şu sonsuz "nasıl" ve "şayet"lerden bıktım usandım. Bizim paramız yok, pekâlâ, sen bunu tedarik et bakalım.

Mephistopheles

Ben size istediğinizi temin ederim, hattâ daha fazlasını bile... Gerçi bu kolaydır, fakat kolay olan şey de güçtür. İşte şuracıkta duruyor, lâkin onu elde etmek için ne yapılacağını bilen var mı? Asıl marifet bundadır işte. Hele düşünün bir kere: İnsan dalgalarının ülkeleri ve milletleri yuttuğu o korkunç, devirlerde, öteki beriki dehşete kapılarak en çok sevdiği şeyini, nasıl şuracıkta veya ötede herhangi bir yerde, saklamıştır. Vaktiyle tâ Romanlıların kudreti zamanlarında böyle olduğu gibi, düne ve bugüne kadar da, böyle devam edegelmiştir. Bunların hepsi, gömülü oldukları yerlerde, sessiz yatıyorlar. Madem ki bu yerler imparatorundur, defineler de onun olmalıdır.

Haznedar

Soytarılığına göre hiç de fena söylemiyor. Bu, hakikaten büyük imparatorumuzun hakkıdır.

Başvekil

Şeytan sizin etrafınıza altından örülmüş ağlar geriyor. Bu dindarlığa sığabilecek bir iş değil.

Vekilharç

Hele o bize, sarayda memnuniyetle karşılanacak hediyeler tedarik etsin, ben biraz haksızlığa razı olurum.

Serasker

Soytarı akıllı: Herkes faydası dokunan bir şeyi vadediyor. Zaten askerler bunun nereden geldiğini sormazlar ki...

Mephistopheles

Belki de zannedeceksiniz ki, ben sizi aldatıyorum... İşte sihirbaz burada duruyor! Bir de ona sorunuz! Kürelerin etrafındaki dairelerden, o hem geçmişi, hem de geleceği keşfeder. İyi, şimdi söyle bakalım: Gökyüzünde vaziyet ne merkezde?

Fısıldaşmalar

Düzenbazlar iki oldu.. Hem anlaşıverdiler.. Tencere yuvarlandı, kapağını buldu.. Hem de tahtın yanıbaşında.... Hep bildiğimiz teraneler... Eski masallar.. Soytarı bir şeyler fısıldıyor... Âlim de söylüyor.

Müneccim

(Söyler, Mephistopheles de kulağına fısıldar)

Bizzat güneş saf bir altın külçesidir. Onun elçisi olan Utarit, hem fahrî olarak, hem de ücretle çalışır. Zühre, erkenden olduğu gibi geç vakitte de, tatlı bakışlarıyla hepimize etki etmiştir. İffetli Kamer tuhaf tuhaf gülümser. Merih sizi bulamadığı takdirde, kuvvetiyle tehdit eder. Müşteriye gelince, o yine en güzel ışık olarak kalır. Zuhal büyüktür, fakat göze uzak ve küçük görünür. Maden olarak ona pek fazla ehemmiyet vermeyiz, değeri az ve sıkleti büyüktür. Lâkin güneşle ay, gümüşle de altın bir araya geldi mi, o zaman dünya cennet gibi olur. Artık üst tarafı hep kendiliğinden gelir: Saraylar, bahçeler, kırmızı yanaklar... Bütün bunları, hiçbirimizin elinden gelmeyen şeyleri yapmaya muktedir olan, yüksek bilgili bir adam temin edebilir.

İmparator

Söylediklerinin her iki manasını da anladığım halde, yine bunlar beni ikna edemiyor.

Fısıldaşmalar

Bunlar bizim nemize gerek?... Modası geçmiş bir lâtife... Buna falcılık derler... Hokkobazlık derler... Ben bunları çok işittim.... Boş yere de ümitlere kapıldım... Yine böyle şeyler söylerse.... O zaman toyluk etmiş olur.

Mephistopheles

Etrafıma toplanmış, şaşkın şaşkın bakıyorlar ve bu yüksek buluşa bir türlü güvenemiyorlar. Kimisi Âdem otundan, kimisi de kara köpekten bahsederek saçmalıyor. Günün birinde onların da tabanları kaşındığı ve doğru dürüst yürürken ayakları kaydığı zaman, ötekinin anlamlı sözler söylemesi, berikine de sihirbazlık suçu yüklemesi, neye yarar ki? Hepiniz, ebediyen hükümran olan tabiatın gizli etkisini duyarsınız ve en alt kutuplardan yukarı doğru, canlı işaretler süzülür. Bütün uzuvlarınızda bir tutukluk, içinizde de bir sıkıntı hissettiğiniz zaman, hemen bulunduğunuz yeri sabırla kazınız. Aradığınız hazine işte oradadır, define orada gömülüdür!

Fısıldaşmalar

Ben ayaklarımda kurşun gibi bir ağırlık hissediyorum... Kolum tutuluyor... Bu mafsal iltihabıdır... Ayağımın baş parmağı karıncalanıyor... Benim de arkam ağrıyor... Bu alâmetlere göre, burası en zengin definelerin havzası olmalıdır.

Faust

Ey varlıklarıyla sultan olan, bin yıllardır kutlu yaşayan ve böyle olmakla beraber yine şefkatli olan anneler, isminizi saygıyla anıyorum. Sizin başlarınızın etrafında, hayatın hareketli fakat cansız şekilleri uçuyor. Bir zamanlar her türlü ihtişam ve gösteriş içinde yaşamış olan ne varsa, hepsi orada hareket halindedir. Çünkü bunlar ebedîleşmek istiyorlar. Siz her şeye hükmeden kuvvetler olduğunuz için, bunları günün çadırına ve gecenin kubbesine taksim ediyorsunuz. Kimisini hayatın tatlı cazibesi çekiyor, kimisini de cüretkâr bir sihirbaz arayıp buluyor. Bu sihirbaz da, kıymetli hediyeler dağıtır gibi, herkesin görmek istediği harikaları, itimat içinde seyrettiriyor.

Büyücü

Kızgın anahtar çanağa dokunur dokunmaz, hemen ortalığı buharlı bir sis kaplıyor. Bu her yere sokuluyor, bulutlar gibi dalgalanıyor, top top oluyor, çapraşıyor, parçalanıyor ve çift gruplar teşkil ediyor. Şimdi de ruhların şu şaheserine dikkat ediniz! Onlar böyle dolaşırken bir musıki meydana getiriyorlar. Havai seslerden bilmem neler fışkırıyor ve onlar geçerken, her şey bir nağme haline geliyor. Sütunlar grup ve sehpa bile ötüyor. Hattâ, zannedersem, bütün mâbet şarkı söylüyor. Artık dumanlar alçalıyor, hafif sis tabakanın içinden güzel bir delikanlı çıkarak, uygun adımlarla ilerliyor. Benim vazifem de burada bitiyor. Onun adını söylememe lüzum yok.. Sevimli Paris'i kim tanımaz ki?

(Paris yaklaşırken.)

Bir bayan

O! Henüz çiçeği üstünde olan bir gençlik kuvvetinin, ne parlak bir örneği!

Bir diğeri

Taze ve usaresi bol bir şeftali gibi!

Üçüncüsü

Ah, ne ince çizilmiş, ne kadar da lezzetle bakarmış dudaklar!

Dördüncüsü

Böyle bir kadehten, birkaç yudum içmek isterdin, değil mi?

Beşincisi

O kadar narin olmamakla beraber, pek güzel.

Altıncısı

Hiç olmazsa azıcık daha çevik olsaydı.

Asilzade

Her halinden, bir çoban çocuğu olduğun belli...

Bir başkası

İşte böyle! Yarı çıplak haliyle, bu delikanlı cidden güzel. Fakat bir kere de onu zırhlılar içinde görmeliydik!

Bir bayan

Ne serbest ve hoş bir şekilde oturuyor.

Asilzade

Onun kucağında pek rahat ederdiniz, değil mi?

Bir başka bayan

Kolunu başının üstüne, öyle zarif bir tarzla yaslıyor ki.

Mabeyinci

Ne kalabalık! Ben bunu saygısızlık addederim.

Bayan

Siz erkekler, herkese bir kusur bulursunuz

Mabeyinci

İmparatorun huzurunda, böyle boylu boyunca uzandık!

Bayanlar

O burada sadece bir rol oynuyor ve kendisini tamamen yalnız farzediyor.

Mabeyinci

Temsilin bile burada nezakete uyması gerekirdi.

Bayan

Güzel delikanlı tatlı bir uykuya daldı.

Mabeyinci

Neredeyse horlamaya başlayacak. İşte bu mükemmel doğrusu.

Genç bayan

(Hayranlıkla)

Tütsü dumanlarıyla karışık bir halde, kalbimin en derin yerini ferahlandıran bu güzel koku nedir acaba?

Orta yaşlı bayan

Hakikaten! Nefes gibi bir şey, insanın ruhuna kadar nüfuz ediyor. Bu ondan geliyor.

Yaşlı bayan

Bu bir iksir olarak delikanlının içinde meydana gelen ve hava zerreleri halinde her tarafa yayılan, serpilme çağının çiçeğidir.

(Helena görünür)

Mephistopheles

İşte ta kendisi! Bunun karşısında benim kılım bile kıpırdamaz. Güzelliğine bir diyeceğim yok ama benim hoşuma gitmiyor.

Büyücü

Benim için bu sefer de yapılacak bir iş yok. İşte namuslu bir adam sıfatıyla, bunu itiraf ve tasdik ediyorum. Güzeller güzeli geliyor. Ah keşke benim ateşten dillerim olsaydı! Güzellik hakkında öteden beri birçok şeyler terennüm edilmiştir. Fakat bu kime görünürse, o benim kendinden geçer, ve şimdiye kadar kimin olduysa o pek yüksek bir mutluluğa erişmiştir.

Faust

Gözlerime inanayım mı? Yoksa en feyizli bir şekilde akan bu güzellik pınarı, ruhumun derinliklerinde mi ortaya çıkıyor? O korkunç gezintim şimdi en mesut meyvesini veriyor. Dünya eskiden benim için nasıl bir hiçlikten, kapalı bir kutudan ibaretti! Benim rahipliğimden beri de ne oldu? O ancak şimdi arzu edilmeye değer, esaslı ve devamlı bir hal aldı! Bundan sonra senden vazgeçersem, ömrünün nefesi kesilsin!.. Vaktiyle o sihirli aynada görünerek beni mutlu eden o güzel endam, bu güzelliğin ancak bir gölgesiydi!... Bütün kuvvetlerimin heyecanını, ihtiraslarımın özünü, içimdeki güzellik etkisini, aşkı ve çılgınlığı vakfettiğim kadın, sensin.

Mephistopheles

Kendinize gelin ve bu rolden dışarı çıkmayın!

Orta yaşlı bayan

Boylu boslu ve güzel endamlı, yalnız başı çok küçük.

Biraz daha genci

Hele şu ayaklara bakınız! Bundan daha kötü bir şey olabilir mi?

Diplomat

Ben bu ayarda prensler gördüm. Bu bana tepeden tırnağa kadar güzel görünüyor.

Saray mensuplarından biri

Kurnazca ve tatlı tatlı uyuyana yaklaşıyor.

Bir bayan

O güzel ve berrak gençlik timsalinin yanında, ne çirkin duruyor!

Şair

Onun güzelliği, delikanlıya bir ışık demeti gibi geliyor.

Saray mensubu

Hoş bir eda ile delikanlıya doğru dönüyor.

Bayan

Ben öyle görüyorum ki, bu kız ona ders verir. Bu gibi hallerde bütün erkekler budaladırlar. Herhalde bu da, kendisinin ilk göz ağrısı olduğunu zannediyor.

Asilzade

Bırakın da onun pahasının ben biçeyim! Buna şâhâne güzellik derler. Bayanlar ve baylar, vay kahpe! İşte ben buna âdilik derim!

Genç hademe

Herhalde şu delikanlının yerinde olmak isterdim!

Saray mensubu

Böyle bir ağın içine kim düşmek istemez ki?

Bayan

Bu elmas birçok ellerden geçmiş. Hattâ bunun altın çerçevesi bile bir hayli aşınmış.

Bir başkası

Bu on yaşından itibaren hiçbir işe yaramaz bir hale gelmiş.

Asilzade

Herkes fırsatını bulunca, her şeyin en iyisini seçip

alır. Halbuki ben bu güzel artıklara çoktan razıyım.

Âlim

Onu bütün durumlarıyla karşımda görmekle beraber, şunu açıkça itiraf edeyim ki, bunun gerçek Helena olup olmadığı şüphelidir. Burada bulunuşu herkesin aklını başından alıyor. Fakat ben her şeyden önce kitapta yazılı olana bakarım. Orada, onun gerçekten Troja'daki bütün yaşlıların son derece hoşlarına gittiğini okumuştum. Bu da şimdiki hal ve keyfiyete tamamen uyuyor. İşte ben genç olmadığım halde, benim bile hoşuma gidiyor.

Büyücü

Artık o bir çocuk değil, cesur bir kahraman! Kendisini bile savunamayan kızı belinden kavrıyor. Onu kuvvetli kollarıyla yukarı kaldırıyor. Yoksa onu kaçıracak mı?

Faust

Cüretkâr budala! Demek bunu cesaret ediyorsun! İşitmiyor musun, dur diyorum sana! Artık çok oluyorsun!

Mephistopheles

Fakat bu uygunsuz ruhlar oyununu, bizzat kendin oynatıyorsun!

Büyücü

Bir tek kelime daha! Bütün bu olup biten şeylere göre, ben bu piyese "Helena'nın kaçırılması" adını veriyorum.

Faust

Kaçırılması da ne demek? Bunu burada boşuna mı duruyorum sanki? Şu anahtar benim elimde değil mi ki? O beni tenhalıkların dehşetli fırtına ve dalgaları arasından geçirecek buraya, bu sağlam sahile çıkardı. Ben burada ayağımı yere basıyorum. Burada hakikatler var. İnsanın ruhu, buradan ruhlarla mücadele edebilir. O muazzam çift ülke, buradan fethedilebilir. Helena o kadar uzakta olduğu halde, şimdi ne kadar yakın bulunuyor! Onun kurtaracağım ve o iki kat benim olacak. Ben bunu göze aldım. Ey anneler! Anneler! Onu bana bağışlamalısınız! Çünkü onu tanıyan, artık onsuz yapamaz.

Büyücü

Faust! Faust! Sen ne yapıyorsun?... Şiddetli bir hareketle onu yakalıyor, hayalet hemen bulanmaya başlıyor anahtarı delikanlıyla doğru çevirerek, onu dokunduruyor!... Eyvahlar olsun! Bir an içinde her şey mahvoldu!

(İnfilâk olur, Faust yere serilir. Ruhlar bir duman halinde yükselirler.)

Mephistopheles

(Faust'u omuzlarına alarak)

Alın size işte! Delilerle uğraşmak, sonunda şeytanın bile başına belâ getirir.

(Karanlık ve gürültü)

İKİNCİ PERDE

Yüksek kubbeli, dar ve gotik bir oda

(Faust'un eski odası olup hiç değişmemiştir. Mephistopheles bir perdenin arkasından çıkar. Perdeyi kaldırarak geriye doğru bakarken, atalardan kalma bir yatakta yatan Faust görünür.)

Mephistopheles

Yat bakalım burada, talihsiz adam! Artık kurtulması güç bir aşka tutulmuşsun! Helena'nın felce uğrattığı bir kimse, öyle kolay kolay kendine gelemez.

(Çevresine bakınarak)

Yukarıya, aşağıya, sağa, sola, ne tarafa baksam her şeyi eskiden olduğu gibi, hiç el sürülmemiş bir halde görüyorum: Yalnız renkli camlar daha ziyade bulanmış, örümcek ağları da çoğalmış gibi geliyor bana. Mürekkep donmuş, kâğıtlar sararmış, bununla birlikte yine her şey yerli yerinde kalmış. Hattâ Faust'un şeytana teslim oluşunu imzalayan kalem bile hâlâ burada duruyor. Evet! Ondan koparmış olduğum o bir damlacık kan da, kalemin oyuğunu tıkanmış. Böyle eşsiz bir yadigârı eline geçirecek olan o büyük antika meraklısına ne mutlu. Yine aynı çengelde asılı duran bu eski kürk de, bana şu muzipliğimi hatırlatıyor: Bir gün o çocuğu nasıl aydınlatmıştım. O şimdi bir delikanlı olarak, belki de hâlâ bunun faydasını görüyor. Âlimler bu işte başarılı olmasını biliyorlar fakat şeytandan bu gibi şeyler çoktan geçmiştir.

(Çengelden indirdiği kürkü silker. Arasında ağustos böcekleri, hamam böcekleri ve çekirgeler çıkarak uçuşurlar.)

Böcekler korosu

Eski ustamız, hoş geldin! Safa geldin! Biz uçuşup vızıldarken, seni hemen tanıdık. Ancak, sen bizi tek başımıza sessizlik içinde yüzüstü bıraktın. Şimdi binlerce böcek, babamızın etrafında dans etmeye geldik şeytan insanın içinde o kadar iyi gizlenir ki, şu körükteki kehlecikler bile meydana çıkarlar da, o çıkmaz.

Mephistopheles

Bu küçücük yaratıklar beni nasıl birdenbire neşelendiriyorlar! Bunlar bir eksilse, zamanla böyle binlercesi biter. Eski pöstekiyi bir kere daha silkeliyorum, şurasından burasından yine bir böcek uçuşuyor.. Yukarı doğru çıkın! Etrafa yayılın! Yüz binlerce bucağa saklanmak için, acele edin sevgililerin! Orada duran eski kutuların içine, şu esmerleşmiş parşömenlerin arasına, tozlu antika vazo parçalarının altına, ve ölü kafalarının oyuk gözlerine dolun. Böyle bir karmaşa deryasında, sonsuza kadar pineklemek için yer bulunabilir.

(Kürkü sırtına geçirir)

Gel şu omuzlarımı bir kere daha ört! Bugün ben tekrar başkan oldum. Fakat kendi kendine bu lâkabı vermenin hiçbir faydası yok: Hani, beni alkışlayacak insanlar nerede?

(Çıngırağı çeker. Bundan çıkan acı ve keskin sesten, her yer sarsılır ve kapılar ardına kadar açılır.)

Çömez

(Uzun ve karanlık dehlizden sallanarak gelir.)

Bu ne ses! Bu ne dehşet! Merdiven sallanıyor, duvarlar sarsılıyor. Pencerenin titreyen renkli camları arasından, şimşeklerin parıltısını görüyorum. Döşemeler yerinden oynuyor, tavandan kireç ve molozlar dökülüyor. Sımsıkı sürmelenmiş kapılar da, bir harika kuvvetiyle açılıyor. Orada ne görüyorum! Bu ne korkunç şey! Faust'un eski postunun içinde, bir dev duruyor! Onun bakışlarından hattâ göz kırpışından bile, dizlerimin bağı çözülüyor. Buradan kaçsam mı? Yoksa olduğum yerde mi dursam? Başıma neler gelecek acaba?

Mephistopheles

(İşaret ederek)

Yaklaşınız dostum! Adınız Nikodemus, değil mi?

Çömez

Evet yüksek değerli üstadım! Benim adım Oremus'tur.

Mephistopheles

Bunu bırakalım şimdi!

Çömez

Beni tanıdığınıza ne kadar seviniyorum!

Mephistopheles

Çok iyi biliyorum: Siz, yaşlı olduğu halde hâlâ öğretmenlik yapan bir baysınız ! Zaten bir âlim de, başka bir şey yapamadığı için, hep böyle okumakta devam eder. Bu suretle insan kendisine, kâğıtlardan muazzam bir bina kurar, fakat en yüksek bir zekâ bile, bunu büsbütün tamamlayamaz. Sizin hocanıza gelince, o gerçek bir bilgindir. İlim âleminde birinciliği kazanan asîl doktor Wagner'i kim tanımaz ki! Bu âlemi bugüne getiren, mevcut bilgeleri günden güne çoğaltan, ancak odur. Her şeyi öğrenmek hevesine kapılan meraklı dinleyiciler, onun etrafında yığın yığın toplanıyorlar. Kürsüden eşsiz bir yıldız gibi ışık saçıyor ve anahtarları aziz Petrus gibi kullanarak, hem aşağısını, hem de yukarısını açıyor. O herkesin karşısında parlayarak kıvılcım saçarken, hiçbir nem ve hiçbir şöhret kendisiyle boy ölçüşemiyor. Hattâ Faust'un adı bile gölgede kalıyor. Tek mevcut odur.

Çömez

Yüksek değerli üstadım! Size karşı itirazda bulunmak cüretini göstererek, bunların hiçbirinin söz konusu olmadığını söylersem, beni affedin. Onun tek başarısı alçakgönüllülüktür. O yüksek adamın anlaşılma bir şekilde ortadan kayboluşuna, bir türlü alışamıyor ve ancak onun gelişinden teselli ve şifa umuyor. Doktor Faust zamanında olduğu gibi hâlâ el sürülmemiş bir halde duran bu oda, o gitti gideli eski sahibini bekliyor. Ben buraya girmeye cesaret bile edemiyorum. Hangi yıldızların gazaba geldiği saattir bu?.. Sanki duvarlar korkudan titriyormuş gibi geliyor bana. Kapıların direkleri sarsıldı ve kilitleri yerinden oynadı. Yoksa siz bile içeri giremezdiniz.

Mephistopheles

Bu adam da nereye girdi? Beni onun yanına götürün veya onu buraya getirin!

Çömez

Ah! Pek sıkı tembihte bulunmuştu. Bilmem ki buna cesaret edebilecek miyim? O büyük eserin hatırı için, aylardan beri sessizlik içinde yaşıyor. Âlimlerin o en naziği, şimdi bir kömürcüye benziyor. Yüzü gözü simsiyah, gözleri de ateş üflemekten kıpkırmızı olmuş. Böylece kovulup dururken, maşanın şıkırtısı ona bir musıki gibi geliyor.

Mephistopheles

İçeri girmek istesem, bunu reddeder mi derisiniz? Ben onun başarısına etki edebilecek bir adamım.

(Çömez çekilip gider. Mephistopheles ciddî bir tavırla oturur.)

Ben burada makama kurulur kurulmaz, şurada arka tarafa, tanıdığım bir misafir geliyor. Fakat bu sefer en yenilerden biri. Son derece cüretkârlık edecek.

Bakkaleureus

(Dehlizden büyük bir gürültüyle gelir.)

Bütün kapıları açık buluyorum! İşte şimdi insan artık burada yaşayanın, bundan sonra küf kokuları içinde, bir ölü gibi çürüyüp gitmeyeceğini ve kendisini diri diri gömmeyeceğini, nihayet ümid edebilir. Bu duvarlar ve bu bölmeler hep eğiliyor, çöküyor artık. Eğer hemen kaçmayacak olursak, yıkıntı ve çöküntüler altında kalacağız. Ben herkesten cesaretliyim ama hiç kimse beni buradan bir adım bile ileriye götüremez. Fakat ben bugün ne öğreneceğim! Senelerce önce, korkak ve sıkılgan bir acemi çaylak gibi geldiğim yer, burası değil miydi? Burada o sakallılara güvenerek, onların gülünç sözlerine kapılmamış mıydım? Bana kara kaplı eski kitaplardan, bildikleri fakat kendilerinin bile inanmadıkları, hem onların hayatını hem de benimkini berbat eden yalanları söylemişlerdi. Ne o?... Şu dipteki hücrede, yine birisi alacakaranlıkta oturuyor! Yanına yaklaşınca hayretle görüyorum ki, o hâlâ kahverengi kürküne, o kaba postuna sarılmış olduğu halde, tıpkı bıraktığım şekilde duruyor! Gerçi o zaman, ben onu henüz anlayamadığım için, o bana becerikli gibi görünmüştü. Fakat bugün artık bu sökmez. Ona cesaretle yanaşıyorum!

İhtiyar bayım, madem ki Lethe'nin bulanık dalgaları, sizin yana doğru eğilen kel başınızın üstünde henüz geçmedi, karşınıza gelen akademi sıralarına erişmiş mektepliye, takdirle bakınız. Sizi hâlâ ilk gördüğüm halde buluyorum. Halbuki ben, büsbütün başka bir adam olarak, tekrar buraya geldim.

Mephistopheles

Zili çekmekle sizi çağırmış olduğuma pek memnunum. Vaktiyle sizi hiç de küçük görmemiştim. Zaten o tırtıldan, o kozasına sarılmış böcekten, böyle rengârenk bir kelebek çıkacağı belliydi. O kıvırcık saçlardan ve sivri yakalıktan, çocukça bir haz duyuyordunuz... Herhalde siz hiçbir vakit iğreti saç taramadınız, öyle değil mi?.. Bugün sizi bir İsveç başlığı ile görüyorum. Son derece azimli ve dayanıklı görünüyorsunuz. Ancak sakın evinize dönmeyiniz.

Bakkalaureus

İhtiyar bayım! Gerçi yine aynı yerde bulunuyoruz fakat değişen zamanı gidişini düşünerek, böyle iki anlamlı sözler kullanmaktan sakınınız. Biz bilhassa bu gibi şeylere, şimdi pek dikkat ediyoruz. O sâf ve samimî çocukla dalga geçmiştiniz. Bundan başarılı olmak, sizin için işten bile değildi. Lâkin bugün, buna hiç kimse cesaret edemez artık.

Mephistopheles

Eğer gençliğe gerçekten açıkça söylenecek olursa, bu hiçbir suretle toy delikanlıların hoşuna gitmez. Fakat aradan seneler geçerek, onlar bütün bunları, bizzat geçirdikleri çetin tecrübelerle öğrenince, bu sefer bunun kendi kafalarından çıktığını sanırlar. İşte o zaman da koca budalanın biriydi, derler.

Bakkalaureus

Hattâ belki de bir düzenbaz!.. Zira hangi hoca gerçeği doğrudan doğruya yüzümüze karşı söyler ki? Her biri mâsum çocuklara, kâh ciddî ve kâh kurnazca neşeli bir tavırla bunu anlatırken, hem büyütmesini hem de küçültmesini bilir.

Mephistopheles

Öğrenmek için, hiç şüphe yok ki, bir zaman vardı. Öğretmek için de, öyle görüyorum ki, siz hazırsınız bile. Birkaç ay ve bir iki gün içinde, herhalde tam bir tecrübe elde etmiş bulunuyorsunuz.

Bakkalaureus

Tecrübe! Köpük ve duman kadar boş şey! Zekâ ile de boy ölçüşemez. Zaten öteden beri bilinen şeylerin hiç, biri, bilinmeye lâyık değildir. Bunu teslim ediniz!

Mephistopheles

(Biraz durduktan sonra)

Bundan çoktan beri şüpheleniyordum. Ben deliydim, şimdi de kendimi adamakıllı kof ve sersem buluyorum.

Bakkalaureus

İşte buna çok sevimdim! Hiç olmazsa anlayış ifade eden bir söz duyuyorum! Uygun düşünceli bulduğum ilk ihtiyar!

Mephistopheles

Ben gizli altın defineleri arıyordum. Halbuki ancak işe yaramaz kömürler elde edebildim.

Bakkalaureus

Sizin şu kel kafanızın, orada duran boş kafatasların-dan bile daha değerli olmadığını da itiraf etseniz?

Mephistopheles

(Sükûnetle) Sen galiba ne kadar kaba olduğunun farkında bile değilsin, dostum.

Bakkalaureus

Almanca'da, nazik davranıldığı zaman, yalan söylenir.

Mephistopheles

(Tekerlekli koltuğuyla sahnenin ön kısmına gittikçe yaklaşarak, seyircilere hitaben)

Burada ışıktan ve havadan mahrum bırakılıyorum. Acaba sizin aranızda sığınacak bir yer bulabilir miyim?

Bakkalaureus

Artık hiçbir şey olmayanın, en fena çağında bir şey olmak isteyişini, küstahlık sayarım. İnsanın hayatı, kanın hareketine bağlıdır. Kan, nerede bir delikanlıdaki kadar hareketli olabilir? İşte bu, hayattan yeni bir hayat yaratabilen, taze kuvvet halindeki canlı kandır. Gençlikte her şey hareket halindedir, bu çağda bir şeyler yapılabilir. Zayıf olan devrilir, kabiliyetli olan da ilerler. Biz dünyanın yarısını fethederken, siz ne yaptınız ki? Kafa sallandınız, düşündünüz, hayallere daldınız, incelemeler yaptınız ve mütemadiyen plânlar kurdunuz. Hiç şüphe yok ki ihtiyarlık, insanı garip ihtiyaçlar içinde kıvrandıran soğuk bir sıtmadır. Bir kimse otuz yaşını geçince, artık ölmüş sayılabilir. En iyisi, sizleri vaktinde öldürmektir.

Mephistopheles

Şeytanın buna ilâve edebileceği hiçbir şey yoktur.

Bakkalaureus

Ben istemezsem, şeytan da olamaz.

Mephistopheles

(Kendi kendine)

Fakat şeytan sana yakında bir çelme takacak.

Bakkalaureus

Gençliğin en yüce görevi işte budur! Dünya, ben onu yaratmadan evvel, mevcut değildi. Güneşi denizden yukarıya ben çıkardım. Ay, yörüngesini benimle beraber dolaşmaya başladı. O zaman gündüz benim geçtiğim yolları süsledi, yeryüzü önümde yeşillendi ve çiçek açtı. Benim bir işaretim üzerinde, o ilk gecede, bütün yıldızların görkemi fezayı kapladı. Sizi sımsıkı kıstıran o cahil düşüncelerin pençesinden, benden başka kim kurtardı? Oysa ben, ruhumdan yükselen sese uyarak serbest bir halde, içimdeki ışığın peşinden neşeyle koşuyorum ve aydınlığı önüme alıp, karanlığı da arkamda bırakarak, sırf kendi heyecanımın hızıyla ilerliyorum. (Gider)

Mephistopheles

Kendi halindeki deli, sen bu azametinle yürü bakalım!.. Kimin aklına gelebilen budalaca veya mâkul bir şey vardır ki, evvelki nesiller tarafından, çoktan düşünülmüş olmasın?.. Sen bunun farkına varsaydın, kim bilir ne kadar üzülürdün. Bununla beraber, bizim için bu da bir tehlike teşkil etmez. Birkaç sene içinde iş değişecek: Zira tamamen tatsız bir hale gelse bile, sonunda yine bundan bir şarap meydana gelir.

(Kendisini alkışlamayan genç seyircilere hitaben)

Bu sözlerim karşısında soğuk duruyorsunuz. Bundan dolayı ben sizi affediyorum, aziz çocuklar. Düşününüz ki, şeytan ihtiyardır. Onu anlamak için, siz de ihtiyarlayınız!

Laboratuvar

(Ortaçağ zihniyetine göre, birtakım hayali maksatlar için yapılmış, geniş yerler kaplayan, biçimsiz aletler.)

Wagner

(Ocak başında)

Çan çalınıyor. O korkunç çanın sesi, isli duvarları baştanbaşa titretiyor. Bu müthiş anın kararsızlığı, daha fazla devam edemez. Nitekim işte, karanlıklar aydınlanıyor. En dipteki şişenin içerisi şimdiden bir kızgın kömür, daha doğrusu bir kızıl yakut gibi, karanlığın arasından kıvılcımlar saçarak alevleniyor. Parlak ve beyaz bir ışık meydana geliyor! Ah bari bu sefer bunu kaçırmasın!... Aman Allah'ım! Kapıdaki bu gürültü de nedir acaba?

Mephistopheles

(İçeri girerek)

Merhaba! Samimiyetime güvenebilirsiniz.

Wanger

(Korkak bir tavırla)

Merhaba ey günün yıldızı!

(Yavaşça)

Fakat dilinizi ve nefesinizi sıkı tutunuz. Zira şu anda muhteşem bir eser vücuda geliyor.

Mephistopheles

Peki ama ne oluyor?

Wagner

(Oradan daha yavaş sesle)

Bir adam yapılıyor.

Mephistopheles

Bu adam mı? O halde siz hangi sevişen çifti bu bacanın içine hapsettiniz?

Wagner

Allah göstermesin! Eskiden moda olan şekildeki şeyi, biz gereksiz bir maskaralık olarak görüyoruz. Hayatın pınarını teşkil eden o nazik nokta ve bunun içinden fışkıran, hem alıcı, hem de verici olan o tatlı kuvvet, kendisini belli etmek için ilk önce yakınını, sonra da yabancıları etkilemeye kalkışıyor ve o zaman yüceliğini kaybediyor.

(Ocağa doğru dönerek)

Bakınız! Parlıyor!... Şimdi gerçekten ümit edebilir ki, birkaç yüz maddeyi bir araya katmak suretiyle insan cevherini dikkatle birleştirerek, bir tecrübe şişesinde çalkaladıktan sonra, iyice kaynattığımız takdirde, eser sessizlik içinde tamamlanmış olacaktır.

(Tekrar ocağa döner)

Oluyor! Kitle daha berrak bir şekilde kımıldanıyor! Artık kanaatim tamamen gerçekleşiyor. Tabiatın esrarengiz sayılan şeylerini, biz ciddiyetle tecrübe etmek cesaretini gösterebiliriz ve onun eskiden beri ortaya koyduğu bilinmezleri ancak biz aydınlatabiliriz.

Mephistopheles

Çok yaşayan, çok şeyler öğrenir ve yeryüzünde cereyan eden şeylerin hiçbiri, onun için bir yenilik teşkil etmez. Ben, senelerce devam eden seyahatlerim esnasında, hiç gelişmemiş insan kitleleri bile gördüm.

Wagner

(Gözlerini şişeden hiç ayırmadan)

Kabarıyor, şimşek gibi parlıyor ve kümeleniyor. Gözümüzü açıp kapayıncaya kadar olup bitecek. Büyük bir düşünce, başlangıçta çılgınlık gibi görünür. Fakat ileride biz bu tesadüfe güleceğiz. İsabetli bir tarzda düşünebilecek olan böyle bir düşünceyi, gelecekte bir aydın da yapabilecektir.

(Şişeyi büyük bir hayranlıkla seyrederek)

O sevgili kuvvetin etkisiyle şişenin camı çınlıyor, bulanıyor ve tekrar berraklaşıyor. O halde muhakkak olacak! Şirin bir hayalet halinde, küçücük bir adamın kımıldandığını görüyorum. Daha ne istiyoruz? Artık dünya bundan başka ne isteyebilir? Zira bu sır tamamen meydana çıkmış bulunuyor. Hele şu sese bir kulak veriniz: Bu onun sesi, artık dile geliyor...

Homunkulus

(Şişenin içinden Wagner'e)

Söyle bakalım babacığım! Nasılsın? Bu bir şaka değildi. Gel beni şefkatle bağrına bas! Fakat pek o kadar fazla sıkma ki, şişenin camı parçalanmasın. İşte cisimlerin özellikleri budur; bağlı bulunduklarına bütün kâinat ancak yetebiliyor, yapay olan ise, kapalı bir saha istiyor.

(Mephistopheles'e)

Sen burada mısın, şeytan amca? Tam zamanında geldiğin için sana teşekkür ederim. Talihimizin güzel bir cilvesi seni buraya, bizim yanımıza gönderdi. Mademki yeniden vücut buldum, ben de faaliyet göstermeliyim. Hemen önlüğümü takarak işe başlamak istiyorum. Sen becerikli olduğun için, işimi kolaylaştırırsın.

Wagner

Yalnız bir şey daha söyleyelim! Ben şimdiye kadar hep mahcup oluyordum. Zira ihtiyarlar da, gençler de, bir sürü gizemli sorularla bana bulaşıyorlardı. Meselâ, nasıl oluyor da ruhla vücut bu kadar güzel uyuştukları ve sanki hiç ayrılmayacaklarmış gibi birbirlerine böyle sımsıkı sarıldıkları halde, yine bunların bozuşmadıkları gün olmuyor, işte bunu hiç kimse kavrayamıyordu. Sonra...

Mephistopheles

Sözünü kesiyorum! Ben daha ziyade, "Niçin karı kocalar böyle birbirleriyle hiç geçinemiyorlar?" diye sormak istiyordum. İşte dostum, sen bu işin içinden hiçbir vakit çıkamazsın. Şimdi burada yapılacak öyle bir iş var ki, tam bu küçüğün istediği gibi.

Homunkulus

Nedir bu yapılacak iş?

Mephistopheles

(Yan tarafta bulunan bir kapıyı göstererek)

İşte burada kabiliyetini göster!

Wagner

(Hayret içinde)

Doğrusu, sen son derece sevimli bir çocuksun!

(Yan taraftaki kapı açılarak, yatağında boylu boyunca yatan Faust görünür.)

Homunkulus

(Şaşırarak)

Bu konu çok önemli!..

(Şişe Wagner'in elinden kurtularak, gidip Faust'un üzerinden dolaşır ve onu aydınlatır.)

Güzel bir manzara!.. Sık ağaçlıklar arasında berrak sular, soyunan kadınlar, hem de en dilberleri!.. Bunlar gittikçe güzelleşiyor. Fakat içlerinden biri, muhteşem bir surette göze çarpıyor. Bu herhalde en yüksek kahramanlar soyundan ve belki de kutsal ruhlar neslindendir. Ayağını şeffaf aydınlığın içine sokuyor. Asîl vücudunun tatlı hayat alevini, billûr gibi dalgaların sinesinde serinletiriyor.

Lâkin böle hızlı hızlı çırpınarak patırdı ve hışırtı çıkaran, suyun dümdüz aynasını çalkalayarak altüst eden bu kanatlar nedir? Kızlar korkarak kaçışıyorlar. Yalnız kraliçe bunlara sessizlik içinde bakıyor ve kuğu kuşları prensinin, can sıkıcı teslimiyetle dizlerine sarılışını, gururlu ve kadınlara has bir zevkle seyrediyor. O da buna alışmış gibi görünüyor...

Mephistopheles

Meğer sende anlatılacak neler varmış? Kendin ne kadar küçüksen, hayal gücün de o kadar büyük. Ben hiçbir şey göremiyorum.

Homunkulus

Buna inanırım. Sen gençliğini bulanık bir devirde, derebeylik ve papazlık gürültüleri içinde geçirmiş bir kuzeylisin. Bu vaziyette gözlerin nasıl serbest olabilirdi! Senin yerin karanlıklardı. (Etrafını bakınarak)

Kararmış, yosun tutmuş ve iğrenç bir hale gelmiş taşlar, sivri kemerli ve en kaba bir tarzda süslenmiş duvarlar. Ne âdi bir manzara! Bu uyandığı takdirde, yeni bir tehlike var. Derhal olduğu yerde ölüp kalacak. Ormandaki pınarlar, kuğu kuşları, çıplak güzeller, bütün bunlar onun içten gelen hislerle dolu rüyasıydı. O buraya nasıl alışmak istiyordu? İnsanların en uysalı olduğum halde, ben bile zor tahammül edebiliyorum. Onu hemen buradan uzaklaştırmalı!

Mephistopheles

Buna ben de memnun olurum

Homunkulus

Kahramanı savaşa gönderip, genç kızı da dansa götürdün mü, derhal her şey yoluna girer. Tam şu sırada çabucak aklıma gelen şey klâsik Walpurgis gecesidir. Bu bulunmaz bir fırsattır. Onu kendi dünyasına götürünüz!

Mephistopheles

Ben böyle bir şeyi hiç duymadım.

Homunkulus

Bu sizin kulaklarınıza kadar nasıl gelebilirdi ki, siz yalnız romantik hayaletleri tanırsınız. Halbuki gerçek bir hayalet klâsik de olabilir.

Mephistopheles

Fakat bu yolculuğumuz ne tarafa doğru olacak? Ben eski zaman insanlarının arkadaşlığından hiç hoşlanmam.

Homunkulus

Şeytan, senin hoşlandığın taraflar kuzey batısıdır ama biz bu sefer güney doğusuna doğru yelken açacağız.

Geniş bir ovada Peneios nehri, etrafını saran çalılarla ağaçların arasında, sessiz ve serin kayalara doğru serbestçe akar. Bu düzlük dağların dik yamaçlarına kadar uzanır ve yukardan, hem eski, hem de yeni Pharsalus şehri boyunca görünür.

Mephistopheles

Olmaz olsun bu! Aman! O zulüm ve esaret kavgalarını bir tarafa bırak. Bunlar benim canımı sıkar. Zira daha yatışır yatışmaz, hemen tekrar yeni baştan başlarlar. Hiç kimse de farkında olmaz ki, kendisini kışkırtan, ancak bu işlerin arkasında gizlenmiş olan Asmodeus'tur. Sözüm ona hürriyet için çarpışırlar, halbuki iyice dikkat edilebilecek olursa, bunların karşılıklı dövüşen esirlerden başka bir şey olmadıkları görülür.

Homunkulus

İnsanlar varsın serserilik edip dursun. Herkes çocukluğundan beri, elinden geldiği kadar kendini korumak zorunda kalır ve bu suretle nihayet adam olur. Şimdi artık mesele, bunun nasıl iyi olabileceğidir. Sende bir ilâç varsa, burada tecrübesini yap ve eğer buna cesaret edemezsen, bu işi bana bırak.

Mephistopheles

Şöyle küçük bir Brocken gezintisi yapılabilirdi. Fakat o ıssız yerlerin kapılarını sürgülü buluyorum. Yunan milletinin hiçbir zaman fazla bir değer yoktu! Fakat onların serbest çılgın eğlenceleri sizin gözlerinizi kamaştırıyor ve insanın kalbinde tatlı günahlar işlemek arzusunu uyandırıyor. Halbuki bizimkileri, hep kasvetli buluyorlar. Peki şimdi ne olacak?

Homunkulus

Sen hiç de öyle değilsin. Bu yüzden, ben Tesalyalı büyücülerden bahsedince, ne demek istediğimin anlaşıldığını farzediyorum.

Mephistopheles

(Gözleri hırsla parlayarak)

Tesalyalı büyücüler! Mükemmel! Bunlar benim çoktan beri aradığım kimseler. Geceleri onlarla birlikte geçirmek, zannetmem ki hoşa gidecek bir şey olsun. Bununla beraber, ziyaret ve tecrübe maksadıyla...

Homunkulus

Şu mantoyu getir ve asilzadenin vücuduna sar! Bu paçavra, şimdiye kadar olduğu gibi, her ikimizi birden taşır, ben de önden giderek yolu aydınlatırım.

Wagner

(Endişeyle)

Ya ben?..

Homunkulus

Tabii sen de, en önemli işleri görmek üzere evde kalırsın. Eski parşömenleri aç, formüllere göre hayat unsurlarını bir araya toplayarak, bunları dikkatle birbirine kat. 'Ne'yi ve bilhassa 'nasıl'ı iyice düşün. Bu arada ben de, şöyle bir parça dünyayı dolaşarak, hiç olmazsa 'i'nin üstündeki küçük noktayı keşfedeceğim. O zaman büyük gayeye erişilmiş olur. Bu mükâfat böyle bir gayretin hakkıdır. Altın, şeref, şöhret, sıhhatli ve uzun bir ömür ve hattâ belki de.. Bilgi ve fazilet. Hoşça kal!

Wagner

(Üzüntülü bir sesle)

Güle güle... Selâmetle! İşte bu yüreğimi eziyor. Şimdiden bir daha seni hiç göremeyeceğim diye korkuyorum.

Mephistopheles

Haydi bakalım, şimdi doğru Peneios'a! Bizim yeğen hiç de yabana atılacak bir adam değil.

(Seyirciler)

İşin sonunda, yine kendi yaptığımız yaratıklara dönüşüyoruz.

KLASİK WELPURGİS GECESİ

Karanlık Pharsalus kırları...

Erichtho

Bu geceki müthiş eğlenceye ben, garip yüzlü Erichtho, her zaman olduğu gibi, göğsümü gere gere geliyorum. Herhalde şu uğursuz şairlerin anlattıkları kadar iğrenç değilim. Zaten onların övgülerinin de, kusur buluşlarının da, hiçbir zaman sonu gelmez ki... Şimdiden boylu boyunca bütün vâdi bana, bu en üzüntülü ve en korkunç gecenin derinliğinde, dalgalanan kurşuni çadırlardan, ağarmış gibi görünüyor. Bu hep tekrarlananacak. Kimse imparatorluğu başkasına bırakmıyor. Bilhassa onu zorla ele geçirip kuvvetle idare edene, hiç kimse bağışlamıyor. Zira, nefsine hâkim olmasın bilmeyen herkes komşusunun iradesine, kendi gururunu okşayacak şekilde hükmetmeye pek yatkın bulunuyor... Fakat burada zorlunun karşısına daha zorlusu çıktığı, hürriyetinin o bin bir çiçekli çelengi parçaladığı ve sert defne daları hükümdarın başına sarıldığı zaman cihana örnek olacak bir tarzda dövüşüldü. Magnus, muhteşem devrin görkemini, önceden burada hayal etti. Sezar da, zafer sabahının güzelliğini burada hayal ederek sabahladı. İşte bunlar boy ölçüşüyorlar. Bunda kimin başarılı olduğunu, herhalde bütün dünya biliyor.

Nöbetçilerin yaktıkları ateş, kızıl alevler saçarak parlıyor, yerler dökülen kanların sıcak dumanlarını hohluyor. Yunan esirler alayı da, bu gecenin müstesna ve esrarlı cazibesinde kapılarak toplanıyor. Bütün ateşlerin etrafında, eski zamanların efsanevî yüzleri, kararsız bir şekilde sallanıyor, veya rahat rahat oturuyorlar.. Tamam olmamakla birlikte berrak bir ışık veren ay, her tarafa tatlı bir parlaklık saçarak yükseliyor. Çadırların hayalleri gözden kayboluyor, alevler de morarıyor.

Fakat birdenbire tepemde beliren bu ışık da nedir? Işık saçıyor ve cismanî bir toparlağı aydınlatıyor. Bunda hayat eseri seziyorum. Benim burada canlı bir yaratıkla ilgilenmem uygun olmaz, çünkü ona zararım dokunur. Hem bu bana fena bir nam kazandırır ve hiç uğur getirmez. Artık yere iniyor. Ben de vaziyete alışarak, çekilip gidiyorum.

(Uzaklaşır)

Homunkulus

Alev ve dehşet saçan kırların üstünde bir kere daha uçarak dolaş. Vâdide ve çukur yerlerde, hayaletlerden başka görülecek hiçbir şey yok.

Mephistopheles

Sanki eski penceremden, güneşin karmakarışık dehşetini seyrediyormuşum gibi, son derece iğrenç hayaletlerden görüyorum. Ben orada olduğu gibi, burada da kendi evimdeyim.

Homunkulus

Bak! Şurada uzun boylu bir kadın, geniş adamlarla önümüzden yürüyor.

Mephistopheles

Fakat, sanki endişe içindeymiş gibi bir hali var. Bizim havada uçtuğumuzu gördü galiba.

Homunkulus

O varsın yürüsün! Sen asilzadeni yere indir ki, hemen tekrar hayata kavuşsun. Zira o bunu efsaneler diyarında arıyor.

Faust

(Yere temas edince)

Hani, nerede o?..

Homunkulus

Biz de bilmiyoruz ki sana söyleyelim. Fakat burada her halde ondan bir haber alınabilir. Henüz gün doğmadan, çabucak alevden aleve giderek onu aramalısın. Annelerin yanına gitmek cesaretini gösterenin, artık başaramayacağı hiçbir şey yoktur.

Mephistopheles

Burada bana da iş düşüyor. Bununla beraber, hepimizin iyiliği için, herkesi ateşler arasında bir maceraya girişerek, talihinin bizzat denemesinden daha iyi bir çare tasavvur edemiyorum. Sanki sen de küçük, tekrar birleşebilmemiz için, ışığını çınlatarak parlatıver.

Homunkulus

İşte o böyle şimşek gibi parlayacak ve ötecek.

(Kavanoz vınlayarak, kuvvetle ışıldar)

Şimdi hadi yeni harikalara!..

Faust

(Kendi kendine)

Acaba o nerede?... Artık daha fazla sorma... Onun üstünde durduğu toprak bu toprak, ona doğru yuvarlanan dalgalar da bu dalgalar olmasa bile, herhalde onun dilini konuşan hava bu havadır. İşte bir mucize sayesinde ben burada, Yunanistan'da bulunuyorum! Evvelce yak bastığım yerin bu yer olduğunu hemen hissetim. Ben uykudayken, nasıl taze bir ruhun alevi içimi baştan başa kavurduysa, şimdi de yaktı durdukça, kendimi canlılık itibariyle bir Antaus sanıyorum. Burada en harikulâde şeylerin bir adada buluyorum. Şu alevler dolambacını gidip ciddi biçimde araştırayım.

(Uzaklaşır)

Mephistopheles

(Etrafı yoklayarak)

Şu küçücük ateşlerin arasında dolaşırken, kendimi tamamen yabancı hissediyordum. Hemen hemen herkes çırılçıplak, gömleklilere ancak tek tük rastlanıyor. Sphinx'ler utanmıyorlar, akbabalar hiç sıkılmıyorlar, ne kadar kıvırcık saçlı ve kanatlı mahlûk varsa hepsi, önden ve arkadan göze çarpıyorlar... Gerçi biz de adamakıllı edepsiziz. Fakat eski zamanlarınkini pek fazla canlı buluyorum. Bunları en yeni gelişmelere göre kontrol altına almalı ve modaya uygun muhtelif şekillerde giydirmeli... İğrenç yaratıklar! Bununla birlikte bu benim yeni bir misafir sıfatıyla, onları nezaketle silahlamama engel olmamalıdır... Bahtınız açık olsun güzel bayanlar, dirayetli ak saçlılar!

Akbaba

(Boğuk bir sesle)

Ak saçlı değil! Akbaba!.. Hiç kimse kendisine ak saçlı denilmesinden hoşlanmaz. Her kelimeden, mutlaka mensup olduğu kökün sesi yansır. Nitekim, ak sakal, ak ağa, aksi, aksak, akrep tâbirleri de, kökler itibariyle aynı sesleri çıkararak, bizim sinirlerimizin akordunu bozarlar.

Mephistopheles

Fakat pek şerefli bir lâkap olan akbabadaki ak, hiç de yabana atılamayacak kadar hoş kaçıyor.

Akbaba

(Yukarıda olduğu gibi ve hep öyle devam ederek)

Tabiî! Bunun birçok şeylerle ilgisi tecrübeyle sabittir. Gerçi bunu anlamayanlar çoktur, fakat takdir edenler daha fazladır. İnsan, henüz saçlarına ak düşmeden güzel kızları yakalamalı, hükümdarlık tacını ele geçirmeli ve altınlarını toplamalı. Bunu başaranların, her zaman alnı ak ve şansı açık olur.

Karıncalar

(Hep bir ağızdan)

Altından bahsediyorsunuz. Biz bundan çok toplamış

ve kayalarla mağaraların içine gizlice gömmüştük. Arimaspe'ler güruhu hepsini meydana çıkardı. Bunları o kadar uzaklara götürdükleri için de şurada gülüp duruyorlar.

Akbaba

Biz bunu onlara herhalde itiraf ettireceğiz.

Arımaspe'ler

Evet ama bu serbest eğlence gecesinde değil. Yarına kadar da her şey olup bitecek. Bu sefer biz bunda pekâlâ başarılı olacağız.

Mephistopheles

(Sphinx'lerin arasına oturmuş olarak)

Ben buraya ne kadar kolayca ve isteyerek alışıyorum! Çünkü herkesi birer birer anlıyorum.

Sphinx

Biz ruhlarımızın renklerini hohluyoruz, ondan sonra siz de bunları geliştiriyorsunuz. Şimdi adını söyle ki, seni daha iyi tanıyalım.

Mephistopheles

Herkes bana birçok isimler veriyor. Burada hiç İngiliz var mı? Onlar savaş sahalarını araştırmak, çağlayanları, çökmüş duvarları ve sıkıntılı klâsik yerleri görmek için, her zaman çok seyahat ederler. Burası onlar için çok değerli bir araştırma konusu olabilir.

Sphinx

Nereden akıllarına gelmiş bu?

Mephistopheles

Bunu ben de bilmiyorum.

Sphinx

Olabilir! Sen hiç yıldızlardan anlar mısın? Şuna ne dersin?

Mephistopheles

(Yukarı doğru bakarak)

Yıldız yıldıza kavuşur, ayın kesik dilimi berrak bir ışık saçıyor, ben de bu sevimli yerden hoşlanarak, senin aslan postunda ısınıyorum. Pek fazla yükseklere çıkmamız zararlı olurdu. Sen şimdi bilinmezler ve hiç olmazsa bilmeceler söyle...

Sphinx

Senin sadece mahiyetini anlatman bile, bir sır oluşturur. Hele bir kere kendini en samimî şekilde tahlile çalış. "Hem sofu insanlara, hem de kötülere lüzumlu olan, ötekilere din uğrunda kılıç sallamak için kalkan vazifesi gören, berikilere çılgınlıklar yapabilmeleri için arkadaşlık eden, bunların her ikisini de sırf Zeus'u eğlendirmek için yapan bir yaratık."

İlk akbaba

(Boğuk bir sesle)

Ben bundan hoşlanmadım!

Diğer akbaba

(Daha boğuk bir sesle)

Bu bizden ne istiyor?

İkisi birden

Bu suratsızın yeri burası değil!

(Kıskançlıkla)

Yoksa sen, misafirin tırnaklarının senin keskin pençelerin kadar iyi tırmalayamayacağını mı sanıyorsun? Hele bir tecrübe et bakalım!..

Sphinx

(Tatlı bir ses tonuyla)

İstersen hep burada kalabilirsin. Nasıl olsa yine kendiliğinden bizim aramızdan uzaklaşmaya bakacaksın. Sen kendi memleketinde zevk içinde yüzecek şeyler bulursun, fakat burada, eğer yanılmıyorsam, hiç de rahat değilsin...

Mephistopheles

Üst kısmına bakılınca, adamakıllı birisin ama alt tarafının hayvanlığı tüylerimi ürpertiyor.

Sphinx

Sahtekâr, sen cezanı çekmek üzere buraya geldin. Zira bizim pençelerimiz sağlamdır. O büzülmüş at ayağınla, sana bizim cemiyetimizde hiçbir şey hoş görünmez.

(Sireneler yukarıda mırıldanmaya başlar.)

Mephistopheles

Sayısız kavakların dallarında sallanan bu kuşlar da kim?

Sphinx

Siz kendinizi kollamaya bakın! Bu gelişigüzel şarkı şimdiye kadar en babayiğitlerin bile hakkından gelmiştir.

Sphinx'ler

Bu çirkin garip yaratıkların içinde, sanki ne diye kendinizi rahatsız ediyorsunuz! Bizi dinleyiniz, burada biz sürüler halinde mükemmel nağmeli şarkılar söylüyoruz. Çünkü Sirene'lere böyle yakışır.

Sphinx'ler

(Onlarla aynı şekilde alay ederek)

Şunları yere inmeye mecbur ediniz! Onlara kulak verdiğiniz takdirde, sizi parçalamak için üstünüze çullanmak üzere, o çirkin kartal pençelerini dalların arasında gizliyorlar.

Sirene'ler

İçinizden kini söküp atın! Kıskançlığı söküp atın! Göğün altına yayılmış olan en temiz sevinçleri bir araya toplayalım! İster suyun üstünde olsun, ister yeryüzünde, herkes bu hoş gelen misafiri, en neşeli tavırla karşılamalı.

Mephistopheles

İşte bunlar, gırtlaktan çıkan seslerle tellerden akseden nağmelerin, birbirine karışmasından ibaret olan yeniliklerdir. Ben şarkının bestesini kaybettim. Gerçi bunlar kulaklarımın etrafını gıdıklıyor, ancak kalbime kadar işleyemiyor.

Sphinx'ler

Kalpten söz etme! Bu hoş şeydir. Büzülmüş deriden bir torba senin suratına daha iyi yakışır.

Faust

(Yaklaşarak)

Ne olağanüstü şeyler! Bunlara baktıkça içim açılıyor. İğrençliklerine rağmen, muazzam ve mükemmel çehreler. Bahtımın açık olacağını, şimdiden hissediyorum. Acaba bu vakarlı manzara beni nereye kadar götürecek?

(Sphinx'leri göstererek)

Vaktiyle Ödipus bunlara meydan okumuştu.

(Sirene'leri göstererek)

Ulyss bunları karşısında kenevirden bağlar içinde büzülüp kalmıştı.

(Karıncaları göstererek)

En yüksek servet bunlar tarafından biriktirilmişti.

(Akbabaları göstererek)

Bunlar tarafımdan sadakatle ve mükemmel bir şekilde muhafaza edilmişti. İçimize taze bir ruhun dolduğunu hissediyorum. Muazzam şeylerin hâtıraları oluyor.

Mephistopheles

Vaktiyle sen bu gibi şeylerden kaçardın, halbuki şimdi bunlar işine yarıyor gibi görünüyor. Çünkü sevgilisini aradığı bir yerde, insana canavarlar bile hoş gelir.

Faust

(Sphinx'lere)

Kadın suratlı mahlûklar, bana bakınız: İçinizde hiç Helena'yı gören var mı?

Sphinx'ler

Biz onun zamanına kadar uzanamayız, en sonuncularımızı Herkül tepeledi. Sen bunu Chiron'dan öğrenebilirsin. O şimdi senin için durursa, işin oldu demektir.

Sirene'ler

Herhalde, bu fırsatı kaçırmamak da senin elindedir!.. Bizi aşağılamayan Ulyss, önümüzden süratle geçip gitmeyerek, bir süre aramızda kaldığı zaman, pek çok şeyler anlatmıştı. Eğer sen bizim ovalarımıza, o yeşil denizin kıyılarına kadar gelirsen, bunların hepsini sana açıklarız.

Sphinx

Sakın bunlara aldanma, asilzade. Ulyys'in iple bağlanmasına karşılık, sen bizim bu güzel nasihatimizle bağlan. Eğer yüksek ruhlu Chiron'u bulabilirsen, sana müjdelediğim şeyi öğrenebilirsin.

(Faust uzaklaşır)

Mephistopheles

(Somurtarak)

Böyle kanatlarını çırparak, öteye geçenler nedir? O kadar hızlı uçuyorlar ki, insan onlara bakamıyor. Sürekli olarak biri diğerini takip ediyor. Bunlar avcının bile gözlerini yorarlar.

Sphinx

Karayel fırtınası gibi esiyorlar. Aleides'in okları bile arkalarından güç yetişebilir. Bunlar, hızlarıyla tanınmış kartal gagalı ve kaz ayaklı Stymphalid'lerdir. Bu ötüşleri de hayırlı birer selâmdır. Birer ırkdaş sıfatıyla, bizim aramızda dolaşmaktan pek hoşlanırlar.

Mephistopheles

(Ürkmüş gibi) Siz bunların karşısında hiçbir endişe duymamalısınız! Bunlar Lerna yılanının, gövdelerinden ayrılan ve hâlâ bir şey olduklarını sanan başlardır... Fakat siz bana şunu söyleyin: Sizin haliniz ne olacak? Bunlar ne telâşlı hareket böyle? Nereye gitmek istiyorsunuz? Buradan uzaklaşanız!.. Görüyorum ki, şuradaki koro sizi etkisi altına alıyor. Çekinmeyin ve yanlarına gidin! O sevimli çehreleri selâmlayın! Bunlara Lamie derler.

Mephistopheles

Siz burada kalıyorsunuz, değil mi? Bari tekrar bulabilsem sizi...

Sphinx'ler

Evet! Sen şu kendini bilmez kalabalığın arasına karış. Biz Mısır'dan geldik geleli, binlerce yıl böyle kurulup oturmaya çoktan alıştık. Durumumuz elverdikçe de, ay ve günleri yeniden düzenleriz.

Ehramların önünde oturarak, milletlerin yüksek adalet divanını kurarız. Savaş bile olur ama biz yüzümüzü bile buruşturmayız.

Peneios

(Etrafını sular ve Nymph'ler sarmıştır)

Sazlığın hışırtısı, canlan! Kardeş kamışlık, hafif hafif nefes al! Narin söğüt fidanları, uğulda! Titrek kavak dalları, yarıda kalan rüyaları kulağımıza fasılda!.. Müthiş bir kasırga her şeyi yerinden oynatan gizli bir sarsıntı akan suyun içinden beni yandırarak, rahatımı bozuyor.

Faust

(Nehrin kenarına gelerek)

Eğer duyduğum doğru ise, şuna inanmak zorundayım ki, bu dalların ve bu fidanların birbirine karışmış olan yapraklarının arasında, insan sesine benzeyen sedalar aksediyor. Sanki dalgalar gevezelik ediyorlar, hafif rüzgarlar da şakalaşarak eğleniyorlar.

Nymph'ler

(Faust'a dönerek)

Burada senin yapabileceğin en iyi şey, yere uzanmak, yorgun uzuvlarını serinlikte dinlendirmek, senden daima uzaklaşan huzuru tatmaktır. Biz de cıvıldaşırız, çağlarız ve kulağına ninniler fısıldarız.

Faust

Ben böyle uyanık kalacağım! Ah ne olur, bırakın da o eşsiz hayaletler orada, gözüme aksettikleri şekilde hükümran olsunlar. İçime öyle harikulâde bir şey nüfuz ediyor ki! Bunlar rüya mıdır? Yoksa canlanan hâtıralar mı? Sen bir kere daha böyle bir mutluluğa kavuşmuştun. Sular, hafifçe kımıldanan sık fundalıkların gölgesinde çağlamadan, hattâ bir şırıltı bile çıkarmadan, süzülerek akıyor. Her taraftan gelen yüzlerce pınar, yıkanmak için derinleştirilerek dümdüz bir hale getirilmiş olan, temiz ve aydınlık sahada birleşiyor. Sağlıklı genç kadın vücutları, ıslak aynadaki hayalleriyle birlikte, bu manzaranın zevkine doyamayan gözlere, çifter çifter aksediyor. Bunlar hep birlikte neşe içinde yıkanırken, kimisi cesaretle yüzüyor, kimisi korkak korkak çırpınıyor ve nihayet hep bağrışarak su savaşarak tutuşuyorlar. Ben bunlarla yetinmeliyim, gözlerim bunları doya doya seyretmeliydi. Halbuki ruhum, hep daha uzaklara doğru uçuyor. Nazarlarım, o şanlı kraliçeyi gizleyen, yaprakların teşkil ettiği şu koyu yeşil örtüyü, keskin bir ok gibi delip geçmek istiyor.

Hayret! Kuğular da, şahane ve temiz hareketlerle yüzerek, koylardan bu tarafa doğru geliyorlar. Sakin sakin süzülürken, nazlı ve şefkatli görünüyorlar. Fakat başlarını ve gagalarını kımıldattıkları vakit, mağrur ve kibirli oluyorlar... Lâkin bir tanesi, hepsinden fazla gösteriş yaparak, cüretkâr ve kendini beğenmiş gibi bir tavırla, diğerlerini süratle yarıp geçiyor. Tüylerini kabartarak ve dalgaların üstünde kendisi de bir dalga gibi yuvarlanarak, o mukaddes yere doğru koşuyor... Ötekiler, sakin ve parlak tüyleriyle oraya buruya yüzüp duruyorlar. Bazen da, canlı ve muhteşem hamlelerle ürkek kızlara, vazifelerini unutturup yalnız kendi emniyetlerine düşündürecek şekilde saldırıyorlar.

Nymph'ler

Kardeşlerim, kulağınızı sahilin yeşil basamağına dayayınız. Eğer yanılmıyorsam, bir at nalı sesi duyuyorum. Bu gece bize böyle acele haber getirenin kim olduğunu bir bilsem...

Faust

Bana öyle geliyor ki, alabildiğine koşan bir atın ayakları altında, yerler gümbürdeyerek sarsılıyor. Gözlerim o tarafa çevriliyor! Yoksa talih kuşu kendi ayağıyla beni bulmaya mı geliyor? Bu ne eşsiz harika! Bir süvari atını sürerek bu tarafa doğru yaklaşıyor. Bu akıllı ve cesur bir adama benziyor. Göz kamaştırıcı beyazlıkta bir ata binmiş... Aldanmıyorum, onu tanıdım artık; Philyra'nın meşhur oğlu!...

Dur, Chiron! Dur! Sana söyleyeceklerim var...

Chiron

Ne var? Nedir o?

Faust

Yavaş adımlarla yürü!

Chiron

Ben duramam.

Faust

Öyleyse, lütfen beni de yanına al!

Chiron

Bin şuraya! Böylece istediğimi sorabilirim. Nereye gidiyorsun bakalım? Şimdi bu sahilde bulunduğuna göre, ben seni nehirden geçirmeye hazırım.

Faust

(Ata binerek)

Beni istediğim yere götür. Bundan dolayı sana sonsuza kadar minnettar kalırım... Zira, sırf şeref kazanmak için, kahramanlar milletini, asîl Argonaut'ların güzel camiasını ve şiir âleminin temelini kuranların hepsini yetiştiren büyük adam, o yüksek ruhlu eğitici sensin.

Chiron

İşte bunu yerli yerinde bırakalım! Palas bile, önder sıfatıyla itibar kazanamadı. İşin sonunda, sanki terbiye edilenler onlar değilmiş gibi hep bildiklerini yapıyorlar.

Faust

Her bitkinin adını söyleyebilen, en derindekilere varıncaya kadar bütün kökleri tanıyan, hastalar sağlık, yaralara da şifa bahşeden hekimi, burada ruhumun ve vücudumun bütün kuvvetiyle kucaklıyorum!

Chiron

Eskiden, yanı başında bir kahraman yaralanınca, ona yardım ederek bir çare bulabiliyordum. Fakat son zamanlarda, bu sanatımı kocakarılarla papazlara bıraktım.

Faust

Sen övülmekten hoşlanmayan gerçekten büyük bir adamsın. Herkesi yok etmek duygusuyla sözü değiştirmeye çalışarak, sanki bir emsalin varmış gibi davranıyorsun.

Chiron

Ben de öyle görüyorum ki, sen kurnazlık ederek hem hükümdara hem de halka dalkavukluk yapanlar gibi benim yüzüme gülüyorsun.

Faust

Fakat şunu bana herhalde itiraf edeceksin: Sen zamanının en büyüklerini gördün, en asîllerin iyi taraflarını taklide çalıştın ve günlerini bir yarı ilâh vakarıyla geçirdin. Bu sebeple, kahraman şahsiyet arasında, en değerli bulduğun kimdir?

Chiron

Argonaut'ların yüksek camiasında, herkes kendi görüşüne göre dürüsttü ve sahip olduğu kuvvete göre, başkalarının yapamadığı işleri başarabiliyordu. Dioskur'lar, gençlik cevheriyle güzelliğin üstün geldiği her yerde, daima üstün geliyordu. Gayret ve başkalarına iyilik etmek için çabuk harekete geçmek, Boread'ların en güzel özelliklerindendi. Basiretli, kuvvetli, zeki, aynı zaman da iyi bir akıl hocası olduğu için, Jason, kadınların hoşuna gidiyordu. Sonra ince ruhlu, daima sakin ve düşünceli olan Orpheus, herkesten üstün bir kudretle saz çalıyordu. Keskin görüşlü Lynceus, mukaddes gemiyi gece gündüz kayalıklar arasından ve sığlık yerlerden geçirmişti. Tehlikelere ancak elbirliğiyle göğüs gerilebilir. Biri kendini gösterince, ötekilerin hepsi onu takdir ederler.

Faust

Herkül hakkında hiçbir şey söylemeyecek misin?

Chiron

Aman! Bu karanlık düşüncelerimi tahrik etme.. Ben Phöbüs'u ve hattâ Ares ve Hermes denilen ilahları hiç görmemiştim. Fakat bütün insanların ilâhî bir kıymet verdikleri o yaratıkla, günün birinde karşılaştım. O anadan doğma bir hükümdar, son derece heybetli görünen bir delikanlı idi. Büyük kardeşinin ve ayın zamanda en sevgili kadınların emirlerine itaat ediyordu. Güya tekrar onun bir eşini vücudu getirmez, Hebe bir daha böylesini gökyüzüne çıkaramaz. Şarkılar boş yere kendilerini yorup duruyorlar, taşlara nafile yere işkence diyorlar.

Faust

Heykeltraşlar taşları ne kadar yontsalar, yine onun heybetini hiçbir zaman hatırlatamazlar. En güzel erkekten bahsettin, şimdi en güzel kadın hakkında da bir şeyler söyle!

Chiron

Ooo!... Kadın güzelliği hiçbir şey ifade etmez hattâ çok defa donuk bir tasvirden ibarettir. Ben ancak içinden sevinç ve neşe fışkıran bir mahlûka değer verebilirim. Güzel bir kadının mutluluğu yine kendine aittir.

Faust

Onu sırtında mı taşındın?

Chiron

Eve, işte şurada...

Faust

Sanki yeterli derecede perişan değilmişim gibi, bir de böyle bir yere oturmak mutluluğuna kavuştum!

Chiron

O da böyle, senin yaptığın gibi, beni saçlarımdan tutmuştu.

Faust

Neredeyse kendimi tamamen kaybedeceğim! Anlat bakalım, nasıl oldu? O benim tek isteğimdir. Nereden nereye götürdün onu?

Chiron

Bu soruya kolayca cevap verebilirim: Dioskur'lar o zaman küçük kardeşlerini haydutların elinden kurtarmışlardı. Fakat ötekiler mağlûbiyete alışık olmadıkları için cesaretlerini toplayarak arkadan yetiştiler ve tekrar saldırdılar. O sırada Eleusis civarındaki bataklıklar, üç kardeşin süratle koşmalarına engel oldu. Dioskur kardeşler çamurların içinde bata çıka yürürken, ben bataklığa daldım ve yüzerek karşı tarafa geçtim. Orada Helena yere atladı, ıslak yelemi okşadı ve yüzüme gülerek, hem sevimli hem de ihtiyatlı ve mağrur bir tavırla, bana teşekkür etti. Ne kadar cazibeliydi! Bir ihtiyarın zevkini okşayacak kadar da körpe!..

Faust

Henüz on yaşında!..

Cihron

Öyle görüyorum ki, filozoflar, bizzat kendilerini aldattıkları gibi, seni de aldatmışlar. Gizemli kadın söz konusu olunca, iş büsbütün başkalaşır. Şair onu, işine nasıl gelirse öyle gösterir. O hiçbir vakit olgunluk çağına giremez, ihtiyarlamaz, daima iştah verici bir mahlûk olarak kalır, gençken kaçırılır, yaşlanınca da yine peşinden koşulur. Şairi yeteri derecede bağlayan hiçbir zaman yoktur.

Faust

Öyleyse o da hiçbir zamana bağlı olmamalıdır! Nitekim Achill onu Phera'de, herhangi bir zamanın dışında bulmuştu. Ne müstesna bir mutluluk. Talihe karşı, kazanılmış bir aşk! Acaba ben de, en büyük iştiyakın kudretiyle o biricik mahlûku, ilâhlarla boy ölçüşen, asaleti nisbetinde zarif ve yüceliği derecesinde güzel olan o sonsuz varlığı, hayata çekemez miyim? Sen onu vaktiyle görmüştün. Halbuki ben onu daha bugün gördüm. İnsanı etki altına alacak kadar güzel ve güzel olduğu kadar da cazibeli. O benim aklımı, fikrimi ve bütün mevcudiyetimi kaplamış bulunuyor. Onu elde edemezsem, yaşayamam...

Chiron

Ben seni tanıyamadım! Sen insan olarak meftunsun

fakat ruhların arasında, herhalde aklını kaçırmışa benziyorsun. Şimdi burada şansın sana gülüyor. Çünkü her yıl ancak birkaç saniye için Askulap'ın kızı Manto'nun karşısına çıkmak benim âdetimdir. O sessizce dua ederek babasından, kendi şerefi namına, hekimlerin fikirlerini aydınlatmasını ve onları küstahça katillikten vazgeçirmesini niyaz eder... Bu kız sihirbazların en sevimlisidir. Onda yapmacık hareketlerden eser yoktur. İyilik yapmayı sever ve şefkatlidir. Biraz yanında kalırsan, bazı köklerin kudretiyle, o seni herhalde esaslı surette iyi etmeye başarılı olur.

Faust

İyileşmek istemiyorum ben, içimdeki duygu çok kudretli. Yoksa ben de başkaları gibi berbat bir durumda olurdum.

Chiron

Bu eşsiz pınardan şifa bulmak fırsatını kaçırma! Çabuk aşağıya in! Artık geldik.

Faust

Önce sen söyle bakalım! Beni bu korkunç karanlıkta, kumlu sulardan geçirerek, hangi sahile çıkardın?

Chiron

Burada Roma ile Yunanistan savaşa tutuştular. Peneios sağ tarafta, Olymp de sol kenarda. En büyük imparatorluk, şu kumların içinde eridi. Kral kaçtı, halk galip geldi. Yukarı doğru bak! Şurada, hem de pek yakınımızda, ay ışığında parlayan sonsuz mabet dimdik duruyor.

Manto

(Kendi kendine rüya görerek)

Kutlu basamak, bir atın ayak seslerinden inliyor. Bu tarafa doğru yarı ilâhlar geliyor.

Chiron

Pek doğru! Sen gözlerini aç sadece!

Manto

(Uyanarak)

Hoş geldiniz! Görüyorum ki, sen bu ziyaretlerinin hiçbirini kaçırmıyorsun.

Chiron

Sen de bu mâbede pek yakışıyorsun!

Manto

Yine hiç yorulmadan, hep koşup duruyor musun?

Chiron

Etrafını saran sessizliğin içinde, sen hep böyle otururken, ben de dolaşmaktan zevk duyuyorum.

Manto

Ben olduğum yerde duruyorum, zaman da benim etrafımda dönüyor. Ya bu kim oluyor?

Chiron

Bu talihsiz gece onu bir girdap gibi buraya sürükledi. Çılgın hislerle Helena'ların peşinden koşuyor ve onları elde etmek istiyor fakat ne yapacağını ve nereye gideceğini bilmiyor. Asklepios tedavisi, ona hepsinden iyi gelir.

Manto

İmkânsız bir şeyi isteyeni, ben de severim.

(Chiron artık bozulmuştur)

Gir bakalım içeriye, cüretkâr adam. Herhalde memnun kalacaksın! Bu karanlık dehlizden Persephone'un yanına gidilir. Vaktiyle ben Orpheus'u buraya sokmuştum. Sen bu fırsattan daha iyi yararlan! Haydi bakalım! Cesaret!

(Aşağıya inerler)

Sirene'ler

Kendinizi Peneios'un dalgalarına atınız! Burada böylesine yüzmek ve hep bir ağızdan şarkı söylemek, felekten darbe yemişlere pek yakışır. Susuz hiçbir şifa söz konusu olamaz! Şen bir kitle halinde, çabucak Ege denizine gitseydik, orada her türlü zevki yaşardık.

(Zelzele olur)

Sirene'ler

Dalgalar köpürerek geri dönüyor. Artık nehir yatağının içinden akmıyor. Yerler sarsılıyor, sular taşıyor, kumlar ve kıyılar yarılarak, aralarından dumanlar çıkıyor. Kaçalım! Geliniz, hepiniz geliniz! Bu durumun hiç kimseye hayrı dokunmaz.

Ey asîl ve güler yüzlü misafirler, o neşeli deniz neşesine koşunuz! Orada dalgalar titreşerek parıldar ve sahilleri yalayarak, sessizce kabarır. Ay, çifte ışık saçarak, bizi mukaddes çiçeklerle ıslatır. Orada canlı ve serbest bir hayat, burada ise korkunç bir zelzele var. Her aklı başında olan, buradan hızla uzaklaşmalı! Tüyleri ürperten bir yer oldu burası...

Seismos

(Derinden uğuldayıp ortalığı altüst ederek)

Bir kere daha kuvvetle itmeli ve omuzlayarak güzelce kaldırmalı! Biz bu suretle yeryüzüne çıkarız ve orada herkes bize boyun eğer.

Sphinx'ler

Bu ne can sıkıcı bir titreme, ne çirkin ve korkunç bir gürültü! Bu ne biçim sendeleme, ne biçim sarsıntı, ve sallantılı bir gidip gelme! Ne tahammül edilemez bir felaket! Bununla beraber, isterse bütün cehennem gazaba gelsin, biz yine yerimizden kıpırdamayız.

Şimdi yerden acayip bir kubbe yükseliyor. Bu yine aynen, zamanında sancısı tutan bir kadının hatırı için, Delos adasını vücuda getirerek, onu dalgaların ortasında yükselten, o saçları çoktan ağarmış ihtiyardır. Kollarını germiş, sırtını bükmüş, tıpkı atlar gibi bir vaziyet almış, bütün kuvvetiyle dayanıp iterek, yeri, çimenleri, toprakları, çakılları, taşları, kumları, çamurları ve sahillerimizin âsude tabakalarını yukarı doğru kaldırıyor. Bu suretle vâdinin sakin örtüsünün bir kısmını genişlemesine yırtıyor. Son derece kuvvet sarfeden ve yorulmak bilmeyen muazzam bir Karyati'de, müthiş bir binek taşını kaldırarak, yerden ancak göğsüne kadar yükselebildi. Fakat o daha fazla meydana çıkamayacak, çünkü Sphinx'ler vaziyet aldılar.

Seismos

Bu işi ben tamamen tek başıma yaptım. Nihayet bunu herkes teslim edecek. Eğer ben onu sallayıp çalkalamasaydım, bu dünya nasıl bu kadar güzel olabilirdi?.. En yüksek ecdadımız olan gecenin huzurunda, kendi kuvvetime güvenerek, devlerle birlikte Pelion ve Ossa dağlarıyla top oynarken, ben onları bu tarafa doğru itip, güzel ve cazip bir manzara haline getirmeseydim, sizin şu yukarıdaki dağlarınız, nasıl böyle muhteşem ve berrak bir mavilikte, karşınızda durabilirdi? O zaman gençlik ateşiyle çılgınlıklarımıza devam ettik ve nihayet bıkıp usanarak, her iki dağı bir çifte külah gibi, Parnass'ın üstüne geçirdik... Şimdi Apollon orda, bahtiyar ilham perilerinin korosuyla birlikte, neşe içinde vakit geçiriyor. Jüpiter'le onun yıldırım savurucularının kürsülerini bile, ben yükselttim. Şimdi de böyle muazzam bir hamleyle, yerin dibinden çıkarak, üstümde oturup yeni bir hayat sürecek, neşeli mahlûklar arıyorum.

Sphinx'ler

Onun nasıl yerden çıktığını bizzat görmüş olmasaydık, şu önümüzde yükselen tepenin, pek eski olduğuna hükmetmek zorunda kalacaktık. Ağaçları sık bir orman her tarafını kaplıyor, üzerindeki kayalar da hâlâ kımıldanarak, üst üste yığılıyorlar. Bir Sphinx böyle şeylere kapılmaz. Biz kutsal sedirimizde otururken, kimsenin rahatımızı bozmasına izin vermeyiz.

Akbabalar

Yarıkların arasından, yaprak yaprak ve pul pul altınların, titreştiğini görüyorum. Haydi bakalım karıncalar!

Böyle bir serveti başkalarına kaptırmayın. Onu meydana çıkartmak için faaliyete geçin.

Karıncalar korosu

Madem ki dev cüsseliler onu yukarı doğru ittiler, siz de, bastıbacaklar, hem oraya koşunuz! Yarıklara, en seri bir şekilde, girip çıkınız! Bu gibi çatlaklıklardaki her kırıntı, ele geçirilmeye değer bir kıymettir. En ufak zerrelere varıncaya kadar, köşe bucakta ne varsa hepsini, son derece hızla bulup çıkarmalısınız. Ey kaynaşan sürüler, hepiniz bütün gayretinizi sarf etmelisiniz. Siz yalnız altınları toplamaya bakınız! Dağın kendisiyle hiç alâkadar olmayınız.

Akbabalar

Giriniz! Giriniz! Altınları toplayıp istif ediniz! Biz de üstüne pençelerimizi dayarız. Bular en iyi cinsten birer kilittir. En büyük servetleri bile, mükemmel muhafaza ederler.

Pygmae'ler

Aranızda yer almış olmamız bir gerçek ama bu işin nasıl olduğunu biz de bilmiyoruz. Nereden geldiğimizi sormayınız, çünkü artık bir kere gelmiş bulunuyoruz! Neşeli bir hayat sürmek için, her memleket elverişlidir. Kayalıklarda bir yarık göründü mü, hemen cüceler de meydana çıkarlar. Kadın erkek, çabucak faaliyete geçerler ve onların her çifti bu hususta bir örnek oluşturur. Kimbilir acaba cennette de böyle miydi? Fakat biz burasını son derece mükemmel buluyoruz ve yıldızımızı şükranla anarak kutsuyoruz. Zira toprak ana, batıda olduğu gibi, doğuda da nesil yetiştirmesini pek sever.

Daktyleler

O bir gece içinde bu küçükleri meydana çıkardığı gibi, en küçükleri de vücuda getirecek, onlar da akranlarını bulacaklar.

Pygmae'lerin en yaşlıları

Rahat bir yere yerleşebilmek için çabuk olunuz! Hemen işe başlayınız. Kuvvete süratle karşılık vermeli! Henüz barış içindeyiz. Orduya zırhlı elbise ve silâh üretmek üzere, demirci tezgâhlarınızı kurunuz. Ey karıncalar, hepiniz şu kabarmış toprakları eşeleyerek bize maden tedarik ediniz! Küçücük Daktyle'ler üst üste dizip kapalı bir yerde tutuşturarak, bize kömür yapınız.

Generalissimus

Oklarınızı ve yaylarınızı alıp bütün zindeliğinizle hareket geçerek, şu gölün kenarında sayısız yuvalar yapan ve gösterişle göğüslerini kabartan balıkçıl kuşları, bir tanesini bile bırakmadan, bir hamlede vurup öldürünüz ki, hepimiz birer başlık giyelim ve süslenelim!

Karıncalar ve Daktyleler

Bizi kim kurtaracak? Biz demir tedarik ediyoruz, onlar zincir yapıyorlar. Kaçıp kurtulmamızın henüz vakti gelmedi.

İbykus turnaları

Ölüm feryatları ve can çekişme sesleri duyuluyor! Istıraplı kanat çırpıntıları işitiliyor! Buraya, şu tepelerimize kadar, ne müthiş bir inilti, ne korkunç bir gürültü çıkarıyor! Artık hepsini öldürdüler. Gölün suları, onların kanlarından kıpkırmızı oldu. Çirkin bir tamahkârlık, balıkçıl kuşlarının kıymetli süslerini elde ediyor. Bu tüyler şimdiden o şişkin göbekli ve çarpık bacaklı rezillerin şapkaları üstünde dalgalanıyor bile.

Ey ordumuzun diziler halinde denizleri dolaşan fertleri, hepimizi bu kadar yakından ilgilendiren bu işte, sizi intikam almaya dâvet ediyoruz. Hiç kimse kuvvetini ve kanını esirgemesin, bu âdi mahlûklara karşı, ebedî bir düşmanlık beslemekten çekinmesin!

Mephistopheles

(Ovada)

Ben kuzeyli büyücülere pekâlâ söz geçirebiliyordum. Halbuki bu yabancı ruhlarla, hiç de başım boş değil. Buraya nispetle gene Blocsberg pek rahat bir yer: İnsan neresinde bulunursa bulunsun, derhal oraya alışıverir. Orada Bayan İlse, kayasının üstünde bizim için bekçilik eder, Heinrich tepesinin üstünden etrafa neşe saçar. Her ne kadar horlayıcılar, Elend bölgesinin sefaletini aksettirirlerse de, hiç olmazsa orada her şeyi bin sene için istikrarını bulmuştur. Burada nereye gittiğini, nerede bulunduğunu ve üstünde durduğu yerin, birdenbire kabarmayacağını, kim bilebilir ki?.. Ben böyle neşe içinde, dümdüz bir vâdide dolaşıp dururken, arkamdan birdenbire bir dağ yükseliyor. Her ne kadar buna pek dağ denilmezse de, yine beni Sphinx'lerimden ayırmaya yetecek kadar yüksek... Buradan birçok ateş de fışkırıyor ve vâdiden aşağıya doğru kayarak, o maceranın etrafında parlıyor... Sonra o zarif koro da, beni cezbetmek için yaltaklanarak ve cilveli oyunlar yaparak, karşımda dans edip uçuşuyor. Şunlara yavaşça sokulmalı! İnsan çöplenmeye pek alışkın olunca, nerede olursa olsun, bir şeyler elde etmek istiyor.

Lamie'ler

(Mephistopheles'i kendilerine doğru çekerek)

Hızlı koşunuz! Daha hızlı! Ve hep böyle devam ediniz! Sonra tekrar yavaşlar ve gevezeliğe başlarsınız. İhtiyar günahkârı, ağır bir cezaya çaptırmak üzere böyle peşimizden sürükleme, ne hoş bir şey. O kaskatı ayağıyla topallayarak ve sendeleyerek geliyor. Biz ondan kaçtıkça, o da bacağını sürterek, arkamızdan yetişiyor!

Mephistopheles

(Sakin durarak)

Allah kahretsin! Bu ne şanstır! Kandırılanlar hep erkekler oluyor! Tâ Âdem'den beri, baştan çıkarılanlar hep o sersemlerdir! Herkes ihtiyarladığı halde, hiç akıllanan var mı? Sen zaten kâfi derecede çılgınlaşmış değil miydin?

Herkes bilir ki, bu millet esasında hiçbir işe yaramız. Hepsinin vücutları korsalı ve suratları boyalı. İnsana verebilecekleri hiçbir sağlam şey yoktur onlarda. Nerelerinden tutulsa orası kof, ve bütün uzuvları çürüktür. İnsan bunu bilir, gözüyle görür, eliyle de tutabilir, fakat böyle olduğu halde, o fettanlar ıslık çaldıkları zaman yine herkes dans eder.

Lamie'ler

(Duraklıyarak)

Durunuz! Düşünmeye başlıyor, tereddüt ediyor ve duraklıyor. Onun önleyiniz ki, elinizden kaçmasın!

Mephistopheles

(Yürüyüşüne devam ederek)

Haydi ileri! Sakın budalalık edip de tereddüdün ağlarına takılma. Çünkü eğer büyücüler olmasaydı, hangi zavallı, şeytan olmak isterdi!

Lamie'ler

(Son derece tatlılıkla)

Bu kahramanın etrafında halka oluşturalım! Onun kalbinde, içimizden birine karşı mutlaka bir aşk doğacak.

Mephistopheles

Doğrusu, bu karasız pırıltıların içinde, güzel kızları andırıyorsunuz. Bu itibarla sizi azarlamak istemiyorum.

Empuse

(Sokularak)

Beni de unutmayınız! Ben de öyle olduğum için, beni aranıza alınız.

Lamie'ler

Bu bizim aramızda fazladır. Zaten o hep bizim oyunumuzu bozar.

Empuse

(Mephistopheles'e)

Sana selâm veren, eşek ayaklı sadık dostum Empuse teyzedir! Sende yalnız bir tek at ayağı var. Böyle olduğu halde, muhterem yeğenim, yine seni en samimî şekilde selâmlıyorum!

Mephistopheles

Burada sade yabancılara rastlayacağımı sanıyordum, halbuki maalesef, yakın akrabalarımla karşılaşıyorum. Eski kitaplardan birini karıştırıp bakalım. Harzy'dan Hellas'a kadar, hep yeğenler çıkıyor!

Empuse

Ben hemen kararımı vererek harekete geçmesini bilirim ve birçok kılıklara girmeyi başarabilirim. İşte sizin şerefinize şimdi kendime küçücük bir eşek kafası taktım.

Mephistopheles

Öyle görüyorum ki, bu mahlûkların arasında akrabalık büyük bir önem kazanıyor. Fakat her ne olursa olsun, ben bu eşek kafasının yalanını meydana çıkarmak istiyorum.

Lamie'ler

Bırak şu iğrenç mahlûku. Kim şöyle az çok güzel ve sevimli gibi görünürse, hemen onu ürkütüp kaçırır. Kim şöyle az çok güzel ve sevimli olursa, bu yanına yaklaşır ve artık ondan eser kalmaz.

Mephistopheles

Bana şu narin ve hoş teyzecikler de, hep birden şüpheli görünüyorlar. Böyle gül gibi yanakların arkasında, korkarım, metamorfoz bile vardır.

Lamie'ler

Hele bir tecrübe et bakalım! Biz epeyce kalabalığız. Uzat elini! Eğer talihin yardım ederse, içimizden en iyisini seçip al. Bu iştahlı söylentiler neye yarar ki? Sen zavallı çapkının birisin, ve burada ihtişam saçarak, böbürlenip duruyorsun.

Artık o bizim sürümüze karışmalı. Yavaş yavaş maskelerinizi atarak, onu sadece kendi benliğinizi veriniz.

Mephistopheles

İşte en güzelini seçtim... (Ona sarılarak) Vay başına gelenler! Ne sert bir süpürge! (Başka birini yakalayarak) Ya bu?... İğrenç bir surat!

Lamie'ler

Sanki sen daha iyisine mi lâyıksın? Sakın böyle bir şeyi aklına getirme.

Mephistopheles

Şu küçüğü zaptetmek istiyorum... Ellerimin arasından bir kertenkele sıyrılıp kaçıyor! O dümdüz saçlar da yılana benziyor. Öyleyse şu uzun boyluyu yakalayayım. Fakat şimdi de elime, tepesinde bir çam kozalağı bulunan, topuzlu bir değnek geçiyor! Bu iş nereye varacak böyle?... Hele şu şişkoyu da bir tecrübe edelim, belki o beni tatmin eder. Artık bu son girişimim olacak! Haydi bakalım! Bu adamakıllı yağlı ve yumuşacık bir şey. Doğulular buna avuç dolusu para verirler... Fakat bu ne? Topraklar bir mantar çatlayarak ikiye bölünüyor!

Lamie'ler

Yarasalar! Birbirinizden ayrılınız, havada dalgalanarak, yıldırım süratiyle uçuşunuz ve içimize sokulan bu büyücü oğlunun etrafını, bir karabulut gibi sarınız! Sessiz kanatlarınızla, kararsız ve korkunç daireler çiziniz! O yine bu işten ucuz kurtuluyor.

Mephistopheles

(Silkinerek.)

Öyle görülüyor ki, ben hiç de pek fazla akıllanmamışım. Kuzey tarafları gibi, burası da anlamsız bir yer. Hayaletler, orada olduğu gibi, burada da serseri, halk ve şairler hep tatsız tuzsuz. Asıl maskara alayı işte burada. Her yerde olduğu gibi, şehvetli bir eğlence. Güzel görünüşlü maskelere el uzattım, elime tüylerimi ürperten yaratıklar geçti... Eğer bu iş daha fazla devam etseydi, bile bile ve isteyerek kendimi aldatacaktım.

(Taş yığınları arasında dolaşarak)

Acaba ben neredeyim? Bunun sonu ne olacak? Bir patikadan yürürken, taş yığınları arasında kalıverdim. Buraya dümdüz yollardan geldiğim halde, şimdi karşımda yıkıntılar meydana geldi. Bunlar boş yere tırmanıp duruyor, Sphinx'lerimi ben tekrar nerede bulacağım? Bu işin bu kadar müthiş olacağı aklıma bile gelmezdi, bir gece içinde böyle bir dağ yükseliverdi! Bence bu, genç büyücülerin marifetidir, onlar Blocksberg'lerini beraber taşıyorlar.

Oreas

(Tabiî bir kayanın üstünden)

Buraya, yukarıya gel! Benim dağım eskidir ve ilk

şeklini koruyor. Henüz yeni sürmüş meşe dallarıyla örtülü olan şu dik kayaklıklara hürmet et! Artık ben öyle metin oldum ki, sanki Pompeyus üstümde uçuyormuş gibi geliyor bana. Diğer taraftan, vahamdan doğan hayaletler de, horozlar öter ötmez ortadan kayboluyor. Ben buna benzer efsanelerin vücut bulduğunu ve sonra tekrar birdenbire göçüp gittiğini, sık sık görürüm.

Mephistopheles

Hürmet sana, ey yüksek meşelerin kuvvetli dallarıyla kaplı muhteşem tepe! En berrak bir ay ışığı bile, bu karanlığa nüfuz edemiyor... Fakat buradaki ağaçlıkların arasında da çok sade bir ışık parlıyor. Bütün bunları nasıl telif etmeli! Ay, bu Homunkulus'muş! Küçücük arkadaş, nereye böyle?

Homunkulus

Bir yerden bir yere uçup duruyorum ve artık tam anlamıyla vücut bularak, şu kavanozumu parçalayıp atmak için, sabırsızlıktan yanıyorum. Ancak, şimdiye kadar gördüklerimin arasına karışmak cesaretini, kendimde bulamıyorum doğrusu. Yalnız sana mahrem olarak şunu söyleyeyim ki, ben ki filozofun izi üstündeyim. Şöyle bir kulak verdim: "Tabiat! Tabiat!" diye haykırıyorlardı. Onların peşini bırakmak istemiyorum. Herhalde bunların yeryüzü hayatını tanımaları gerekirdi. Hem sonunda bu hızla takip edeceğim en mâkul istikameti de, pekâlâ öğrenebilirim.

Mephistopheles

Bu işi sen kendi kendine yap. Zira hayaletlerin hükümran olduğu bir yerde, filozoflar da itibar görürler.

Herkes dehama hayran olup ilgilerini kazanmaktan zevk duysun diye, onlar derhal bir sürü yeni hayaletler yaratırlar. Sen yanılmadığın takdirde, temyiz kudretini elde edemezsin. Eğer vücut bulmak istiyorsan, kendi kendine vücut bul!..

Homunkulus

Böyle güzel bir örgüt yabana atılamaz.

Mephistopheles

Öyleyse haydi yolun açık olsun! Gerisini daha sonra görürüz.

(Ayrılırlar)

Anaxagorsa

(Thales'e)

Şu inatçı fikrin bir türlü yola gelmek istemiyor. Seni ikna etmek için daha ne söylemeli?

Thales

Dalgalar, bütün rüzgârlara seve seve boyun eğerler, fakat yalçın kayalıklardan uzak dururlar.

Anaxagoras

İşte bu kayalıklar, ateşin soğumasından meydana geldi.

Thales

Rutubetten de diğer canlılar vücut buldu.

Homunkulus

(İkisinin arasında)

İzin veriniz de yanımızda yürüyeyim. Bizzat ben de vücut bulmak arzusundayım!

Thales

Tabiat ve onun canlı pınarları, hiçbir vakit geceyle gündüze ve saatlere tâbi olmamaştır. O bütün cisimleri, çizmiş olduğu esaslara göre vücuda getirir. Bunların en büyüğünde bile, şiddet söz konusu olamaz.

Anaxagoras

Fakat burada oldu işte! Pluton'un azgın ateşiyle Âolus'un kızgın buharlarının muhteşem kuvveti, şu dümdüz zeminin eskimiş kabuğunu delerek, derhal yüksek bir dağın meydana gelmesine sebep oldu.

Thales

Peki ama, bundan ne çıkar? İşte dağ karşımızda duruyor, bunu anladık artık. Bu gibi tartışmalarla insan zaman kaybediyor ve neticede ancak sabırlı bir halk zümresini, ipinden tutup sürükleyebiliyor.

Anaxgoras

Çabucak dağın üstü, kayalıkların arasına yerleşmeye çalışan Mymidon'larla dolup taşımaya başladı. Cüceler, karıncalar, parmak kadar adamlar ve daha bir sürü küçücük canlı yaratıklar görülüyor.

(Homunkulus'a)

Sen hiçbir zaman küçüklüğe heves etmedin, hep

yalnız ve sınırlı bir hayat yaşadın. Eğer hükümdarlığa alışabilirsen, sana krallık tacını giydireyim.

Homunkulus

Bu işe dostum Thales ne diyor?

Thales

Küçüklerle insan ancak küçük işler yapabilir, büyüklerin arasında da, küçükler büyür. Şuraya bak! Turnalar, bir kara bulut halinde, heyecan içinde çalkanlanan bu milleti tehdit ediyorlar! Onlar kralı da böyle tehdit edebilirler. Sivri gagalarıyla ve keskin tırnaklı pençeleriyle küçüklerin üzerlerine çullanıyorlar. Bunların kaderi üstünde, artık şimşekler çakıyor. Cani bir el, barışın timsali olan sakin gölü altüst ederek, balıkçıl kuşları öldürdü. Lâkin o ölüm oklarını yağmuru, korkunç ve kanlı bir intikam bereketi husule getirerek, şu bodurların çirkin kanlarını akıtmak için, bu yakın kısımların kinini tahrik etmiş bulunuyor. Cücelerin kalkanları, başlıkları ve mızrakları, artık ne işe yarayabilir? Üzerlerindeki parlak balıkçıl kuşu tüyleri, ne işe yarayabilir? Parmak kadar adamlarla karıncalar da, nasıl saklanıyorlar! Bu ordu şimdiden dağılıyor, kaçıyor ve mahvoluyor.

Anaxagoras

(Biraz durduktan sonra vakarlı bir tavırla)

Şimdiye kadar yerin dibindekileri övebildim, fakat bu halde artık yukarı doğru dönüyorum... Orada sonsuza kadar yaşlanmayacak olan üç isimli ve üç şekilli prenses milletimin ıstırabı karşısında, seni imdada çağırıyorum. Diana, Luna, Hekate! Ey göğüslere ferahlık veren, en derin düşünceleri sezen, sakin sakin ışık saçan, hem zorlu, hem de içli kraliçe, gölgelerinin korkunç uçurumlarını aç ki, o kudretin, büyüye gerek kalmadan, belli olsun!

Dileklerim çabucak kabul mü edildi? Gözlerimi yükseklere dikerek yalvarışım, tabiatın düzenini mi bozdu? B kraliçenin yusyuvarlak tahtı, artık gittikçe büyüyerek yaklaşıyor, insanın gözüne korkunç ve muhteşem! Karanlıklara dalınca da, ateşi kızıllaşıyor... Ey dehşet saçan heybetli toparlak, sakın daha fazla yaklaşma! Neredeyse bizi de, karalarla ve denizlerle birlikte, mahvedeceksin!

Yoksa, Telasya'lı kadınların canice büyücülüklerine güvenerek, seni yolundan çekip aşağıya indirdikleri ve en büyük ahlâksızlıklara sürükledikleri doğru mu?.. Aydınlık levha karardı, birden bire parçalanıyor, şimşek gibi parlıyor ve kıvılcımlar saçıyor! Bu ne çatırtı! Bu ne vızıltı böyle! Bu arada gök gürlüyor, rüzgâr uğulduyor!.. Tahtın basamakları önünde, ne saygısızlık... Affedin! Buna ben sebep oldum.

Thales

(Yere yüzüstü kapanır)

Bu adam da neler duyup görmemiş! Neye uğradığımızı iyice bilmiyorum. Zaten ben bunları onunla beraber hissetmedim bile. Yalnız çılgın anlar yaşadığımızı itiraf edelim. Bununla beraber ay, önceden olduğu gibi, yine yerinde rahat rahat kırıtıp duruyor.

Homunkulus

Cücelerin bulundukları yere doğru bakınız! Bu dağ

yuvarlaktı, şimdi sipsivri oldu. Ben müthiş bir sarsıntı duydum. O sırada aydan şu kaya parçası düştü ve dosta düşmana bakmadan, hepsini altında ezerek öldürdü. Bununla beraber ben, yaratıcı bir kudretle hem aşağıdan, hem de yukardan faaliyete geçerek, bir gecede böyle bir dağ yaratabilen hünerleri, saygıyla selamlarım.

Thales

Rahat ol! Bu bir hayalden başka bir şey değildi. O iğrenç nesil yerin dibine batsın! İyi ki sen onlara kral olmadın. Şimdi şu neşeli deniz safasına koş. Hayret verici misafirler orada hem özlenir, hem de hürmet görür.

Mephistopheles

(Uzaklaşıp öbür taraftan dağa tırmanır)

Burada kayaların dimdik basamaklarıyla, yaşlı meşelerin sert kökkleri arasında sürüklenmeye mecbur oluyorum. Benim Harz dağımdaki reçineli buharlarda katran gibi bir şey vardır ki, pek hoşuma gider. Ondan sonra da kükürt... Halbuki burada, şu Yunanlıların memleketinde, bu gibi şeylerin izine bile rastlanmıyor. Lâkin bunların, cehennem ateşini ve onun alevini, neyle canlandırdıklarını pek merak ediyorum. Bunu herhalde anlamak isterim.

Dryas

Sen kendi memleketinde akıllı olabilirsin fakat bu yabancı ülkede, yeteri kadar becerikli değilsin. Senin zihnin hep yurdunla meşgul olmamalıydı; bu kutsal meşelerin güzelliğine, burada hürmet etmeliydin.

Mephistopheles

İnsan geride bıraktığı şeyleri düşünmekten kendini alamıyor. Alışılmış olan yerler, hayallerde bir cennet halinde yaşıyor. Fakat siz bana şunu söyleyin: Oradaki mağaranın içinde, hafif bir ışık altında, böyle üç büklüm duran nedir?

Dryas

Phorkyade'ler! Oraya gitmek cesaretini göster ve eğer tüylerin ürpermezse, onlarla konuş...

Mephistopheles

Neden gidip konuşmayayım!.. Beni hayrete düşüren bir şey görüyorum! O kadar mağrur olduğum halde yine kendi kendime itiraf ediyorum ki, ben böylesini ömrümde görmedin. Bunlar Abraune'den bile daha berbat... Biz bunları, en korkunç cehennemlerimizin dibinde bile, görmeye tahammül edemeyiz. Halbuki burada, güzel bir ülkenin ortasında kök salıp, antika diye dillere destan olmuşlar. Yarasa suratlı cadılar! Benim yaklaştığımı hissetmiş gibi kımıldamıyorlar ve ıslık çalarak cıvıldıyorlar.

Phorkyas

Şu gözü bana verin de, kardeşlerim, tapınağımıza bu kadar yaklaşmak cüretini gösterenin, kim olduğunu anlayayım.

Mephistopheles

Tanrıçaların en kutsalları! Size yaklaşarak, üç katlı kutsamanıza katılmama izin veriniz. Gerçi henüz karşınıza bir yabancı gibi çıkıyorum, lâkin eğer yanılmıyorsam, ben sizinle uzaktan akrabayım. Şimdiye kadar birçok yaşlı ve şanlı krallar gördüm, Ops'un ve Phea'nın önünde en derin hürmetle eğildim. Chaos'un ve sizin hemşireleriniz olan Parze'lerle daha dün veya önceki gün karşılaştım. Fakat sizin gibilere ömrümde rastlamadım. Duyduğum hayranlıktan, artık söyleyecek söz bulamıyorum.

Phorkyade'ler

Bu ruh pek anlayışlı gibi görünüyor.

Mephistopheles

Yalnız, şimdiye kadar hiçbir şairin sizi övmemiş olmasına hayret ediyorum. Söyleyin bana, bu neden böyle oldu, nasıl böyle olabildi? Siz bu kadar şanlı olduğunuz halde, hiçbir yerde heykellerinizi de görmedim. Bir heykeltraş, bunu bir kere tecrübe etse, Yuna, Pallas ve Venüs gibileri, sizin yanınızda hiç kalırlar.

Phorkyade'ler

Yalnızlığa ve en koyu karanlıklara gömülmüş olan üçümüzün, şimdiye kadar hiç böyle bir şey aklına gelmedi.

Mephistopheles

Zaten siz böyle âlemden uzak, hiç kimseyi görmeden ve kimseye görünmeden yaşadıkça, bu nasıl mümkün olabilirdi? Siz ihtişamla satanı aynı derecede hükümran olduğu, her gün bir mermer kitlesinin birden bire canlanan, bir kahraman olup iki ayağı üstünde yürümeye başladığı yerlerde oturmalısınız. Oralarda...

Phorkyade'ler

Sesini kes ve bizi heveslendirme! Daha iyi şeyleri bilmenin bize ne faydası olabilir? Karanlıklar içinde doğan ve karanlık şeylerle akraba olan bizler, hemen hemen bizzat kendimiz de dahil olduğumuz halde, herkesin tamamen bilinmeziyiz.

Mephistopheles

Bu gibi hallerde çok söz söylemek doğru değildir. İnsan kendisini başkalarının şekline de sokabilir. Sizin üçünüze bir tek gözle bir tek diş yeterli geliyor. Şu halde, üçlü varlığınızı ikiye indirip, üçüncü şekli, kısa bir süre için bana bırakmak, mitoloji bakımından bile, pekâlâ mümkündür.

Birisi

Siz ne dersiniz? Bu olabilir mi?

Ötekiler

Bir tecrübe edelim! Fakat gözsüz ve dişsiz olarak.

Mephistopheles

İşte tam da en iyi şeyleri alıyorsunuz. Bu vaziyette en müthiş bir tasvir nasıl tekemmül edebilir!

Birisi

Sen bir gözünü yum, bu kolayca oluverir. Ondan sonra da sivri dişlerinden birini göster. O zaman şöyle yandan bakılınca, tıpkı bir kader gibi bize benzemek imkânını, derhal elde etmiş olursunuz.

Mephistopheles

Ne büyük bir şeref! Haydi öyle olsun!

Phorkyade'ler

Haydi bakalım!

Mephistopheles

(Yandan tıpkı Phorkyas gibi)

İşte ben artık Chaos'un çok sevimli oğlu oldum!

Phorkyade'ler

Biz de, hiç şüphesiz, Chaos'un kızlarıyız.

Mephistopheles

Şimdi beni Hermaphrodit diye hakaretle konuşacaklar. Ah ne ayıp!

Phorkyade'ler

Üç kızkardeşin yeni birliği ne güzel! İki gözümüz ve iki dişimiz var artık.

Mephistopheles

Artık ben hiç kimsenin gözüne görünmemeliyim. Cehenmeni dibindeki şeytanlar bile benden korkacaktır.

(Çekilip gider)

Sirene'ler

(Kayaların üstüne serpilmiş oldukları halde, flüt çalarak şarkı söylerler)

Seni bir zamanlar Tesalyalı sihirbaz kadınlar, bir gece baştan çıkararak aşağıya indirmişlerdi. Şimdi kavsinin üstünden, titreşen dalgaları, tatlı kıvılcımlar saçan parıltılı dalgaları, sessizce seyret ve dalgaların arasından yükselen şu kalabalığı aydınlat! Senin her emrine uyarız, güzel Luna, bize yardımcı ol!

Nedeid'ler ve Triton'lan

(Deniz harikaları olarak)

Suyun dibinde yaşayan yaratıklar daha keskin ve yüksek seslerle şarkı söyleyerek, hiç durmadan haykırınız ki, koca deniz baştanbaşa inlesin. Fırtınanın denizde korkunç uçurumlar açtığını görünce, biz en sakin derinliklere kaçarız. Bizi ancak tatlı şarkılar cezbeder.

Bakınız, biz nasıl büyük bir sevinç içinde süslenerek, altın kordonlar takıyoruz, taçların ve kıymetli taşların arasına, bileziklerle tokalar katıyoruz! Bütün bunlar sizin semerelerinizdir. Ey körfezimizin şeytanları, burada kayalara çarparak sulara gömülen bu servetleri, siz şarkılarınızla buraya çektiniz.

Sirene'ler

Denizin serinliğinde balıkların pek keyiflendiklerini ve burarda gamsız bir hayat sürdüklerini pekâlâ biliyoruz. Lâkin bugün böyle sürüler halinde bayram yapan sizlerin, balıklardan üstün olduğunuzu görmek istiyoruz.

Nereid'ler ve Triton'lar

Biz buraya gelmeden önce bunu düşündük. Hemşireler, kardeşler, haydi çabuk olun! Bizim balıklardan üstün olduğumuzu adamakıllı ispat etmek için, bugün küçücük bir seyahat yapmamız gerekiyor.

(Uzaklaşırlar)

Sirene'ler

Bir an içinde uzaklaşıverdiler! Doğruca Samothrace'ye gittiler ve uygun bir rüzgârla hemen gözden kayboldular. Acaba Yüksek Kabire'lerin diyarında, ne yapmayı tasarlıyorlar? Orada sık sık bizzat kendilerini vücuda getiren ve ne olduklarını hiçbir zaman bilmeyen çok garip krallar var!

Güzel Luna, lütfen sen tepede oluduğun yerde dur ki, her yer karanlık kalsın da, gündüz gelip bizi kovmasın!

Thales

(Sahilde Homunkulus'a)

Seni ihtiyar Nereus'un yanına memnuniyetle götürürdüm. Gerçi biz onun mağarasından uzakta değiliz fakat bu iğrenç nemrut pek dik kafalıdır. Bütün insan neslinden, bu suratsız hiç hoşlanmıyor. Bununla beraber, o geleceği apaçık görüyor, bundan dolayı herkes ona hürmet gösteriyor ve onu makamında ziyaret ediyor. Sonra, bazılarına iyilik de etmiştir.

Homunkulus

Bir deneyip kapısını çalalım! Bu hemen bizim canla aleve malolacak değil ya...

Nereus

Şu kulağına yansıyan şeyler insan sesi mi? Nasıl da

bunlar kalbimin en derin yerinde bir hiddet uyandırıyor! Bu mahlûklar ilâhlara erişmek için o kadar uğraştıkları halde, yine hep kendilerine benzemeye mahkûmdurlar. Nice senelerden beri ilâhî bir rahata kavuşmuşken, tekrar en büyük bir iyilikte bulunmak hevesine kapıldım ve sonra en son ortaya çıkan şeylere baktığım zaman sanki ben hiçbir nasihatte bulunmamışım gibi her şeyin eski tas, eski hamam olduğunu gördüm.

Thales

Bununla beraber, ey denizlerin piri, herkes sana güveniyor. Sen keramet sahibisin, bizi buradan kovma! Gerçekten insana benzeyen şu aleve bak, o senin öğütlerine tamamıyla muhtaç bulunuyor.

Nereus

Ne öğüdü! İnsanlara öğüt denilen şey, hiçbir zaman tesir etmiş midir? Uygun bir söz, sert kulakların içinde donup kalıyor. Bir çok defalar bu yüzden öfkelenerek, kendi kendilerini sövüp saydıkları halde bile, yine bu mahlûklar eskisi gibi, kendi bildiklerini okuyorlar. Paris hevesine yenilerek yabancı bir kadını baştan çıkarmadan önce, onu nasıl babaca ikaz etmiştim! Yunan sahilinde pervasızca duruyordu. Ona içimde gördüğüm şeyleri haber verdi: Gittikçe koyulaşan dumanlar, her tarafı kaplayan bir kızıllık, tutuşan çatılar, altında cinayet ve ölüm... Bu, şarkı halinde tesbit edilen ve binlerce sene sonrakiler tarafından dehşetle anılan, Truva'nın âkibetiydi. İhtiyarın sözü, cüretkâra şaka gibi geldi, hevese kapıldı, İlios da yıkıldı... Uzun bir işkenceden sonra kaskatı kesilen muazzam bir ceset, Pindus kartallarına mükemmel bir yem oldu!

Ulyss de öyle! Circe'nin hilelerini, Zyklop'un korkunçluğunu ben ona önceden haber verdim mi? Onun o düşüncesizliği ve daha birçok kusurları, kendisine bir şey kazandırdı mı? Dalgalar onu çok salladı ve nihayet insafa gelerek, neden sonra misafirperver bir sahile götürdü.

Thales

Akıllı bir adama bu gibi hareketler üzüntü verir. Lâkin iyi kalpli olan bir kimse, bunu herhalde bir kere daha tecrübe eder. Ona büyük bir zevk vermek konusunda, küçük bir minettarlık, tonlarca nankörlüğü tamamen bastırabilir. Bizim dileğimiz hiç de öyle önemsiz bir şey değil. Bu çocuk akıllı olarak vücut bulmak istiyor.

Nereus

Benim bu neşemi bozmayınız! Bugün büsbütün başka şeyler bekliyorum. Bütün kızlarımı, denizlerin zarafeti perileri olan Doride'leri, hep buraya çağırdım. Bu kadar güzel endamlı dilberlere, sizin ne Olymp'inizde, ne de topraklarınızın üstünde rastlanabilir. Zarif hareketlerle su ejderlerinden inip Neptunus'un atlarına binerek, kendi unsurlarıyla o kadar hoş bir şekilde hareket ediyorlar ki, âdeta kabaran köpüklerle birlikte yükseliyormuş gibi görünüyorlar. En güzelleri olan ve Kıbrıs bizden ayrıldı ayrılalı Paphos'da ilâhe olarak tanınan Galatce'de, şimdi Venüs'ün sedef arabasının pırıltıları içine kurulmuş, sallanarak geliyor. Bu suretle bu güzel kız, çoktan beri o mâbedin bulunduğu şehrin ve bu arabalı tahtın sahibidir.

Çekilin buradan! İçimin babalık gururuyla dolu bulunduğu şu anda, kalbime kin, ağzıma da küfür yakışmaz! Çekilin Proteus'un yanına gidin! İnsana nasıl hayaller bağışladığını, o garip adamdan sorun.

Thales

(Denize doğru yürür)

Attığımız bu adımla hiçbir şey elde edemedik. Gidip Proteus'u da bulsak, o hemen eriyiverecek ve karşınızda dursa bile, nihayet ancak insanı hayrete düşüren ve zihnini altüst eden şeyler söyleyecek. Fakat sen bir kere öğüde muhtaç bulunuyorsun. Onun için bunu da tecrübe etmek üzere yolumuza devam edelim!

(Uzaklaşır)

Sirene'ler

Şu uzaktan gördüğümüz dalgalar ülkesini baştanbaşa kat eden şeyler nedir acaba? Nurlar saçan deniz perileri, tıpkı rüzgârdan gerilen beyaz yelkenler gibi, gözleri kamaştırıyor. Haydi aşağıya inelim, seslerini herhalde siz de işitiyorsunuz.

Nereid'ler ve Triton'lar

Ellerimizin üstünde taşıdığımız şeyler, hepimizin hoşuna gidecek. Keskin çizgili heykeller, muazzam Chelone kabuklarının parıltısını gölgede bırakıyor. Bunlar bizim size getirdiğimiz ilâhlardır. Şimdi yüksek şarkılar söylemelisiniz.

Sirene'ler

Kazazedeleri kurtarın ve en eski zamanlardan beri ortaya çıkan ilâhların, cüsseleri küçük fakat kudretleri büyüktür.

Nereid'ler ve Triton'lar

Sessizlik içinde bir bayram yapabilmek için Kabire-ler'i getiriyoruz. Zira onların mübarek vücutlarının bulunduğu yerde, Neptun'un güler yüzü hiç eksik olmaz.

Sirene'ler

Siz bizi geride bırakıyorsunuz. Bir gemi parçalandığı zaman mürettebatını karşı durulmaz bir kuvvetle sınıyorsunuz.

Nereid'ler ve Triton'lar

Üçünü alıp getirdik, dördüncüsü gelmek istemedi. O hepsinin hesabına düşünen, en akıllıları olduğunu söyledi.

Sirene'ler

Bu ilâh diğer bir ilâhla mükemmel alay ediyor.

Nereid'ler ve Triton'lar

Aslında bu ilahlar yedi tanedir.

Sirene'ler

Diğer üçü nerede kaldı?

Nereid'ler ve Triton'lar

Bunu biz de bilmiyoruz ki söyleyelim. Onları Olymp'e atamalı. Henüz hiç kimsenin aklına gemeyen sekizincide de, herhalde orada hükümrandır. Onlar bize lütuflar bahşediyorlar fakat daha hepsi gelişememişler.

Bu eşsiz varlıklar, daima daha mükemmel olmak arzusuyla Erişilmez'e doğru koşuyorlar.

Sirene'ler

Nerede olursa olsun, biz onlara güneşin altında olduğu gibi, ay ışığında da ibadet etmeye alışkınız ve bununu ödülünü alırız.

Nereid'ler ve Triton'lar

Bu şenlikte ön ayak olmaktan, şöhretimiz nasıl yükseliyor!

Sirene'ler

Eski zaman kahramanlarının şöhretleri, nerede ve ne şekilde parlarsa parlasın, yine hiçtir. Onlar post elde ettikleri halde, siz Kabire'leri alıp gittiniz.

(Hep bir ağızdan tekrarlarlar)

Onlar post elde ettikleri halde, siz Kabire'leri alıp gittiniz.

(Nereid'lerde Triton'lar geçip giderler)

Homunkulus

Ben bu garip yaratıklara baktığım zaman topraktan yapılmış biçimsiz vazolardan başka bir şey göremiyorum. Şimdi âlimler bunları görünce, yine o dik kafalarıyla çatışmaya başlayacaklar.

Thales

İşte özlenen şeyler bunlardır. Akçenin kıymetini ancak üstündeki pas belli eder.

Proteus

(Görünmeden)

Ben eski efsaneci olduğum için, böyle şeyler beni sevindirir! Bunlar ne kadar acayip olurlarsa, itibarları da o kadar artar.

Thales

Sen neredesin, Proteus?

Proteus

(Karnından konuşanlar gibi, kâh yakından ve kâh uzaktan gelen bir sesle) Burada ve şurada!

Thales

Senin bu eski şakanı hoş görüyorum. Lâkin bir dosta, böyle saçma sözler söyleme. Biliyorum, sen yanlı yerden konuşuyorsun.

Proteus

(Uzaktan) Hoşça kal!

Thales

(Yavaşça Homunkulus'a)

Pek yakın bir yerde bulunuyor. Sen şimdi güzelce ışılda! O balık kadar hassastır ve nerede gizlenmiş olursa olsun, alevleri görünce koşar gelir.

Homunkulus

Camı çatlatmamak için dikkatli davranmakla beraber, derhal ışığının bütün kuvvetiyle aksettiriyorum.

Proteus

(Muazzam bir kaplumbağa şeklinde)

Bu kadar cana yakın bir güzellikte ışık saçan nedir böyle?

Thales

(Homunkulus'u saklayarak)

Hah şöyle! Eğer merak ediyorsan, gelip yakından görebilirsin. Ancak, şu küçücük zahmete de katlanarak, insan kılığına girip, iki ayak üstünde durmalısın. Bizim sakladığımız bir şeyi görmek isteyen, bizim keyif ve arzumuza tâbi olur.

(İnsan şeklinde)

Filozof hilelerini de biliyorsun.

Thales

Sen de şekil değiştirmeyi pek seviyorsun.

(Homunkulus'u meydana çıkarır)

Proteus

(Hayret içinde)

Işık saçan küçücük bir cüce! Ömrümde böyle şey görmedim!

Thales

Öğüt soruyor ve vücut bulmak istiyor. Kendisinden öğrendiğime göre, pek garip bir şekilde ve ancak yarım olarak dünyaya gelmiş. Mânevi yetenekler bakımından hiçbir şeyi eksik değil. Fakat maddi yetenekleri son derece noksan. Şimdiye kadar onun tek özelliğini şu kavanoz teşkil ediyor. Lâkin o artık bir vücuda sahip olmak istiyor.

Proteus

Sen gerçek bir genç kız evlâdısın ama vaktinden evvel olmuşsun!

Thales

(Yavaşça)

O bana başka bir açıdan da şüpheli görünüyor. Zannedersem hermaphrodit'tir.

Proteus

O halde muradına daha kolay erecek. Oraya varır varmaz bu iş olacak. Ancak burada böyle düşünmekten fayda yoktur. Sen uçsuz bucaksız denizde, baştan başlamalısın! Orada insan ilkönce küçükten başlar, en ufak şeyleri yutmaktan zevk duyar, bu suretle yavaş yavaş büyür ve daha yüksek başarılarda bulunmak kabiliyetini elde eder.

Homunkulus

Burada pek hafif bir rüzgâr esiyor, burnuma taze bir yeşillik kokusu geliyor ve bu benim hoşuma gidiyor!

Proteus

Buna inanırım, sevgili çocuk! Biraz ötede, bundan

daha çok büyük bir zevk duyacaksın. Denize doğru uzanan şu incecik dilin üstünde, etrafı kaplayan hava tarif edilmez bir güzellik meydana getirir. Orada, ön taraftan, tam şu sırada sahile doğru süzülen olayı, pek yakından seyredebiliriz. Benimle birlikte oraya geliniz!

Thales

Ben de seninle beraber gidiyorum.

Homunkulus

Üç acayip ruhun meraklı bir gezintisi!

(Ellerinde birer üç dişli Neptun yabası olduğu halde, su aygırlarına ve deniz ejderlerine binmiş Rodos şövalyeleri)

Koro

En azgın dalgaları bile yatıştırabilmesi için, biz Neptun'a üç dişli bir yaba yaptık. Fırtına ilâhı dolgun bulutları gökyüzüne gerince, bunların korkunç gümbürtüsünü Neptunus karşılar. Yukarda dallı budaklı şimşekler çakarken, aşağıda da dalgalar köpükler saçarak birbirini kovalar. Bunların arasında dehşet içinde çırpınanlar, uzun müddet oraya buraya savrulduktan sonra, denizin dibine gömülürler. İşte onun için o bugün sopasını bize verdi.... Şimdi içimiz rahat olarak, neşe içinde gezip eğleniyoruz.

Sirene'ler

Ey canlarını Helios'a bağışlamış olan şen günün kutlu perileri, 'Lana'yı andığımız şu heyecanlı saatte, sizi selâmlarız!

Telchine'ler

Şu üstümüzdeki kubbenin tepesinde duran en sevimli ilâhe! Sen kardeşinin övüldüğü işitmekten büyük bir zevk duyuyorsun. Bir kulağını bahtiyar Rodos'a çevirerek, oradan ona doğru yükselen sonsuz Paan'ı dinliyorsun. O, günlük seyrine başlarken ve bu işi bitirdiği zaman, bizi ateşli bakışlarıyla süzer. Dağlar, şehirler, sahiller ve dalgalar nurlu ışıklara bürünür ve ilâhın pek hoşuna gider. Etrafımızı hiçbir sis kaplamaz. Böyle bir şey içimize sokulsa bile, bir ışık demetiyle küçücük bir rüzgâr bunu hemen dağıtır ve adamız tertemiz olur! Orada, şanlı, büyük ve müşfik ilâhı delikanlı veya kendi halinde gösteren yüzlerce heykel vardır.

Proteus

Sen bırak da, onlar istedikleri kadar şarkı söyleyerek öğünsünler! Güneşin mübarek ve canlandırıcı ışığı karşısında, o ölü eserler birer oyuncaktan başka bir şey değildir. O hiç usanmadan her şeyi eriterek, şeyin yeni cisimler vücuda getirir. Berikiler de, tuncu eritip dökünce, bir şey yapabildiklerini sanıyorlar. O gururlu âbideler işin sonunda ne oldu sanki? İlâhların o muhteşem heykelleri dimdik dururken, bir zelzele onları darmadağın etti ve hepsi çoktan tekrar eridi gitti.

Yer sarsıntısı ne şekilde olursa olsun, her zaman can sıkıcı bir şeydir. Dalgalar insana daha iyi hayat bahşeder. Şimdi Yunus balığı şeklindeki Proteus, seni o ebedî deryaya götürecek.

(Şeklini değiştirir)

İşte oldu bile! Orada en güzel şekilde muradına ereceksin. Ben seni sırtıma alacağım, sen de denizle haşır neşir ol.

Thales

Yaradılışına baştan başlamak üzere, bu güzel isteğe boyun eğ! Son derece süratli eğilimlere hazır ol! Orada ezeli kanunlar göre hareket ederek, insan haline gelinceye kadar bir hayli zaman, binlerce ve yüz binlerce şekilden geçeceksin.

(Homunkulus, yunus balığı şeklini almış olan Proteus'un sırtına çıkar)

Proteus

Bir ruh halinde, önemli ufuklara doğru gel, orada hemen enine boyuna dolaşarak, istediğin gibi yaşayabilirsin. Yalnız, sakın daha yüksek mertebelere heves etme. Zira, bir kere insan oldun mu, artık her şeyin bitmiş demektir.

Thales

Artık nasıl olursa. Bununla birlikte, zamanının kahraman bir adamı olmak da, hoş bir şeydir.

Proteus

(Thales'e)

Yani tam senin ayarında bir adam! Bu yine bir süre böyle devam eder. Zira, sönük ruh sürülerinin arasında, sen birçok asırlardan beri gözüme çarpıyorsun.

Sirene'ler

(Kayaların üstünde)

Ayın etrafında bu kadar güzel bir halka teşkil eden şu küçücük bulutlar nedir? Bunlar ışık gibi beyaz kanatlı bağrı yanık güvercinlerdir. Paphos, azgın kuş sürülerini buraya göndermiş. Bizim şenliğimiz artık tamam oldu. Herkes temiz bir neşe ve sevinç içinde yüzüyor!

Nereus

(Thales'e)

Gece yolculuğuna çıkan seyyah, ayın etrafındaki bu halkaya, herhalde semavi bir hâdise derdi. Fakat biz ruhlar, bu hususta büsbütün bir fikirdeyiz ki, en doğrusu da budur. Bunlar, sedef kabuğu içinde denizleri aşan kızıma son derece garip şekildeki uçuşlarıyla eşlik eden ve buna ta eski zamanlardan beri alıştırılmış olan güvercinlerdir...

Thales

Ben de, kalbinin sessiz ve sıcak bir köşesinde kutlu bir efsaneyi yaşatmanın, kahraman bir adamın hoşuna gidebilecek en iyi şey olduğuna inanıyorum.

Psylle'ler ve Marse'ler

(Deniz boğalarına, deniz danalarına ve koçlarına binmiş oldukları halde)

Kıbrıs'ın deniz ilâhi tarafından ıslatılmayan, Seismos'un hışmına uğramayan ve etrafında sonsuz rüzgârlar esen ıssız ve derin mağaralarında, biz Zyprie'nin arabasını, en eski zamanlarda olduğu gibi, sakin ve şuurlu bir sevinç içinde muhafaza ederiz ve geceler tatlı bir hışırtı ile birbirlerine sarılan sevimli dalgaların arasından, yeni nesil gözlerine görünmeden geçerek, en güzel kızı böyle buralara kadar getiririz.

Sessiz sessiz çalışan bizler, ne kartaldan, ne kanatlı aslandan, ne düşmandan, ne de aydan korkarız. Onlar yukarıda istedikleri gibi yerleşerek hükümran olsunlar, sıra ile birbirlerini kışkırtarak ayaklandırsınlar, birbirlerini boğup öldürsünler, ekinler ve şehirleri yakıp yıksınlar. Biz yine hep böyle, en güzel kraliçeyi alıp buraya getiririz.

Siren'ler

Güçlü Nereid'ler ve narin Dorid'ler, güçlü kuvvetli, vahşi ve sevimli kadınlar. Siz, hafif hareketlerle ve ölçülü bir süratle arabanın etrafını halka halka kuşatan, bazen birbirine dolanan, bazen de yılan gibi kıvrılan diziler halinde, bize doğru yaklaşıyorsunuz ve ilâhlar ayarında olduğunu göstermek için ciddî duran, böyle olmakla beraber insan nesline mensup kadınlar gibi de cazibeli, annesinin örneği Galatee'yi getiriyorsunuz.

Doride'ler

(Hepsi yunus balıklarına binmiş olarak, Nereus'un yanında koro halinde geçerler)

Bize ödünç olarak biraz ışıkla gölge ver, şu çiçek gibi gençleri de güzelce aydınlat, Luna! Zira biz babamıza sevimli kocalar göstererek, ondan bir ricada bulunuyoruz.

(Nereus'a)

Bunlar, bizim azgın dalgaların pençesinden kurtardığımız, gemimize alıp yosunların üstüne yatırdığımız, ısıtarak tekrar ışığa kavuşturduğumuz ve bunu bize hararetli öpücüklerle ve sadakatle ödemeye mecbur olan delikanlılardır. Bu sevgililere şefkatle bak!

Nereus

Bu çifte kazanç pek takdir edilecek bir şey doğrusu. Merhametli olmak, aynı zamanda da zevk duymak.

Doride'ler

Baba, sen bizim hareket tarzımızı takdir ederek, çok iyi hak edilmiş bir zevki bize hoş görüyorsun. İzin et de, onları sonsuza kadar göğsümüzün üstünde sımsıkı tutalım.

Nereus

Güzel ganimetleriniz size mutlu olsun. Bu delikanlıları kendinize birer koca olarak yetiştiriniz. Ancak ben size, yalnız Zeus'un armağan edebileceği bir şeyi, temin edemem. Sonra, sizi sallayan ve çalkalayan şu dalgalar da aşkın devamlı olmasına imkân bırakmaz. O yüzden içinizde duyduğumuz sevgi ortadan kalkınca, onları yavaşça sahile bırakıveriniz.

Doride'ler

Güzel delikanlılar, siz bizim için çok kıymetlisiniz, fakat ne yazık ki ayrılmak zorundayız. Biz sonsuz bir bağlılık istedik, fakat buna razı olmak istemiyorlar.

Delikanlılar

Keşke siz bizleri, şu cesur gemici çocuklarını, her zaman böyle ihya etseniz. Biz şimdiye kadar hiçbir zaman böyle bir mutluluğa sahip olmadığımız gibi, artık bundan fazlasını da istemiyoruz.

(Galatee sedef arabanın içinde yaklaşır)

Nereus

Hoş geldin, sevgili yavrum!

Galatee

Sevgili babacığım! Bu ne mutluluk! Yunus balıkları, durunuz! Bu bakış benim elimi kolumu bağlıyor.

Nereus

Artık geçti, önümde daireler çizerek hızla geçip gidiyorlar. Benim içimdeki samimi heyecan, onların umurunda mı? Ah keşke oraya beni de beraber götürseler! Fakat ben onun bir tek bakışından, bütün senenin acısını unutturacak kadar büyük bir zevk duydum.

Thales

Merhaba! Tekrar tekrar merhaba!..

Bu güzelliğin ve bu gerçeğin etkisiyle, içimde nasıl alevli bir sevinç duyuyorum... Her şey sudan fışkırmıştır! Ey okyanus, sonsuz hükümranlığını bizim üstümüzden eksik etme. Sen bulutları göndermeseydin, gölleri her tarafa serpmeseydin, nehirleri oraya buraya salmasaydın, dağların, ovaların ve bütün dünyanın hali ne olurdu? Hayatı en taze şekilde devam ettiren sensin.

Yankı

(Halka halindekilerin hepsi bir ağızdan)

İçinden en taze hayat fışkıran, sensin.

Nereus

Uzaktan tekrar sallana sallana geri dönüyorlar, artık

göz göze gelemiyoruz. Zincir halinde geniş halkalar teşkil eden o sayısız sürü, şenliğin icaplarına uymak için, hep dönüp dolaşıyor. Lâkin Galatee'nin sedef tahtı, o kitlenin içinde bir yıldız gibi parlıyor. Benim sevgili kızım, o kalabalığın arasından nur saçıyor. O bu kadar uzakta bulunduğu halde bile, yine daima yakın ve olduğu gibi göz kamaştıracak kadar aydınlık ve berrak görünüyor.

Homunkulus

Burada, bu tatlı rutubette, benim aydınlattığım şeylerin hepsi de, insanı sarhoş edecek kadar güzel.

Proteus

Bu hayat verici rutubette, senin ışığın pek muhteşem bir şekilde parlıyor.

Nereus

Acaba alayın ortasında, hangi yeni sırrın meydana çıktığına şahit olacağız? Sedefin etrafında ve Galatee'nin ayaklarının dibinde ışıldayan şey nedir? Sanki aşk heyecanlarına kapılmış gibi, bazen kuvvetli, bazen de sevimli ve tatlı bir alev halinde parlıyor.

Thales

Bu, Proteus tarafından baştan çıkarılan Homunkulus'tur... Saçtığı alevler de, şahane bir arzunun alâmetleridir. Ben bundan müthiş bir ıstırabın iniltisini seziyorum. O neredeyse parlak tahta çarparak parçalanıverecek. İşte şimdi alevleniyor, şimşek gibi parlıyor ve dağılıyor bile.

Sirene'ler

Birbirlerine çarptıkça kıvılcımlar saçarak dağılan dalgaların bize gösterdikleri bu ateşli harika nedir? Deniz parıldayarak çalkalanıyor ve aydınlığı ufuklara aksediyor. Bütün cisimler karanlığın ortasında alevler saçıyor, ve dört bir tarafta, her şeyi ateşler sarıyor. Hükümran ol bakalım, ey bütün bunları yapan Eros!

Var olsun deniz! Var olsun mukaddes ateşle kaplı dalgalar! Yaşasın su! Yaşasın ateş! Yaşasın bu nadir olay!

Hepsi birden

Yaşasın tatlı tatlı dalgalanan rüzgarlar! Var olsun toprağın esrar dolu derinlikleri! Mübarek unsurlar, biz burada sizin dördünüzü birden anıyoruz.

ÜÇÜNCÜ PERDE

Isparta'da menelas'ın sarayı önünde

(Truvalı esir kadınlardan oluşan bir koro ile birlikte Helena görünür. Koroyu Panthalis idare etmektedir)

Helena

Ben, herkesin hem o kadar hayran olduğu, hem de pek çok eleştirdiği Helena, henüz ayak bastığımız şu sahilden geliyorum. Poseidon'un izni, Eros'un da yardımıyla, bizi Phrygia'nın düz ovalarından, anayurdun bu körfezine kadar, o dimdik sırtlarında taşıyan dalgaların şiddetli sallantısından, hâlâ sarhoşum. Aşağıda kral Menelas, savaşçılarının en yiğitleriyle birlikte döndüğüm için, sevinip duruyor. Sen de, babam Tyndareos'un, Pallas tepesinden dönüşünde, yamaca yakın olarak yaptırmış olduğu ve içinde benim Klytamnestra ile kardeş kardeş, Kastor ve Pollux ile de güzel güzel oynayarak büyüdüğüm, Isparta evlerinin hepsinden daha şahane bir surette düzenlenmiş olan muhteşem bina, bana hoş geldin desene...

Ey koca kapının tunç kanatları, sizi selâmlarım! Vaktiyle, bir çoklarının arasından benim için seçilerek, güvey sıfatıyla karşıma çıkan Menelas'ın heybet saçan endamını, sizin pek misafirperver olan şu geniş aralığınızdan görmüştüm. Bu kapıları bana tekrar açınız ki, kralın acele bir emirin, kocasına yakışacak şekilde, bağlılıkla yerine getireyim. Beni içeriye alınız! Kaderin bir cilvesi olarak şimdiye kadar başıma ne geldiyse, hepsi artık maziye karışsın. Zira ben, kutsal vazifemin gereği olarak Cythere'nin mâbedini ziyaret etmek üzere, bu eşiği endişesiz bir halde terk ettiğim ve fakat orada Phygialı bir haydudun pençesine düştüğüm günden beri, o kadar çok şeyler oldu ki, bunları insanlar anlata anlata bitiremiyorlar. Fakat hikâyesi böyle dal budak salarak bir destan haline gelen, bunları işitmek istemiyor.

Koro

Ey muhteşem kadın, en yüksek bir servete sahip olmak şerefini bizden esirgeme! Zira en büyük mutluluk yalnız sana armağan edilmiştir ki, o da her şeyin üstüne çıkan güzellik şöhretidir. Bir kahramanın adı, daha kendisi görünmeden, ağızdan ağıza dolaşır, bundan dolayı o da göğsünü kabartarak yürür. Lâkin her şeyi alt eden bir güzellik karşısında, en inatçı bir adam bile boyun eğer.

Helena

Yeter artık! Ben kocamla birlikte buraya gemiyle geldim ve şimdi onun tarafından payitahtına önden gönderildim. Fakat onun nasıl bir fikir beslediğin keşfedemiyorum. Buraya karısı sıfatıyla mı, bir kraliçe olarak mı geliyorum? Yoksa prensin çektiği acı ıstıraplarla, Yunanlıların çoktan beri mâruz kaldıkları talihsizlikler için, bir kurban olarak mı? Ben yakalandım. Fakat acaba esir miyim, bilmiyorum! Çünkü ölmez ilâhlar şöhretle kaderin, benim gerçekten iki anlamlı olmasını kararlaştırmışlar ve hattâ şekil güzelliğinin bu şüpheli mihmandarları, şu kapının eşiğinde de, can sıkıcı ve tehditkâr bir vaziyette, yanımda duruyorlar. Zira daha bomboş gemideyken bile, kocam bana ancak arasıra başını çeviriyordu ve yüreğime su serperek bir kelime bile söylemiyordu.

Lâkin Eurotas'ın derin kumsal körfezine girdiğimiz zaman öndeki gemilerin burunları sahili henüz selâmlamıştı ki, o Allah'tan ilham almış gibi söz söylemeye başlayarak, "Burada muhariplerim, alınan düzene göre karaya çıkarak, deniz kıyısında dizilecekler ve ben onları teftiş edeceğim. Fakat sen yoluna devam et, kutsal Eurotas'ın kıyıları boyunca hep yukarıya doğru çık, vaktiyle geniş ve mahsuldar bir ekin yeri iken, sonradan üzerine Lakedamon'un kurulduğu, etrafı heybetli dağlarla yakından sarılmış olan o güzel ovaya varıncaya kadar, atlar ıslak ve süslü çimenlerin üstünde sür. Ondan sonra da, prenslere has yüksek kuleli saraya girerek, orada akıllı ve yaşlı kâhya kadınla birlikte bırakmış olduğum hizmetçi kızları, bir gözden geçir. Bu kadın sana, babanın terk ettiği, bizzat benim de, gerek savaş ve gerek barış zamanlarında, daima çoğaltarak üst üste yığdığım servetlerin zengin küllerini göstersin. Her şeyin eski düzenini koruduğunu göreceksin. Çünkü, evine döndüğü zaman her şeyi bıraktığı gibi tamamen yerli yerinde bulmak bir prensin hakkıdır ve uşakları hiçbir şeyi değiştirmek kudretine sahip değildir" dedi.

Koro

Sürekli olarak çoğalan bu muhteşem servetlerin karşısında şimdi senin gözlerin nurlansın ve göğsün ferahlasın! Zira kordonların süsü ile taçların zarafeti, orada koltuklarını kabartarak, kendilerini bir şey sanıyorlar. Sen sadece içeriye gir ve hepsine meydan oku, onlar hemen davranırlar. Güzelliğin altınla, incilerle ve kıymetli taşlarla çatışmasını seyretmek, çok zevkli bir şey olur.

Helena

Ondan sonra hükümdar âmirane sözlerine devam eder:

"Her şeyin düzenini araştırdıktan sonra, lüzumlu sayacağın kadar sehpa ile kurban kesicinin, o mukaddes törenin âdetlerini yerine getirmek için, eli altında bulunmasını isteyeceği kapları al. Kazanlarla tasları ve bir de düz tabağı unutma. Yüksek testiler içinde mukaddes pınardan getirilmiş en temiz suyu ve bundan başka, çabucak tutuşan kuru odunları, orada hazır bulundu. Nihayet iyi bilenmiş bir bıçak da, sakın eksik olmasın. Artık üst tarafını senin dirayetine bırakıyorum."

Beni yanından ayrılmaya zorlarken, işte böyle söyledi. Fakat bu emirleri veren, Olymp'lilere bağlılığını göstermek için kurban yapmak istediği hiçbir canlı yaratıktan, bana bahsetmedi. Vaziyet şüpheli. Fakat ben fazla bir endişe duymuyorum ve her şeyi yüksek ilâhların takdirine bırakıyorum. Onlar, insanlar tarafından ister iyi bilinsin, ister kötü, akıllarına ne gelirse onu yaparlar. Biz fâniler, buna katlanırız. Şimdiye kadar birçok defalar, başı yere doğru eğilmiş olan hayvanın ensesine inecek ağır baltayı, kurban kesici tekbirle havaya kaldırdığı halde, bu işi tamamlayamamıştır. Çünkü yakında bulunan düşmanın, yahut da ilahi bir müdahale, ona engel olmuştur.

Koro

Ne olacağını şimdiden tahmin edemezsin. Onun için, kraliçe, sen neşeyle içeriye gir! İyilik ve fenalık, insanın başına beklenmeden gelir. Bunlar haber verilse bile, biz inanmayız. Nitekim Truva yandığı ve biz ölümü, evde o korkunç ölümü gözlerimizle gördüğümüz halde, şimdi burada senin yanında ve sana seve seve hizmet etmeye hazır değil miyiz? Hem gökyüzünün göz kamaştırıcı güneşini, hem de seni, yeryüzünün en güzel ve bizleri bahtiyar eden en lûtuflu yaratığını, karşımızda görmüyor muyuz?

Helena

Ne olursa olsun, beni nasıl bir son beklerse beklesin, yine bana, çoktan beri hasret kaldığım, pek özlediğim düşüncesizliğim yüzünden âdeta elimden kaçırdığım ve şimdi nasıl olduğunu bilemediğim bir şekilde tekrar karşımda bulduğum krallık sarayına, vakit kaybetmeden çıkıp kurulmak yakışır! Eskiden çocuk gibi üzerlerinden atladığım o yüksek basamaklardan, şimdi ayaklarım beni aynı çeviklikle yukarıya çıkaramıyor.

Koro

Ey kardeşler, mahzun esirler, artık bütün acıları içinizden atarak, kraliçemiz Helena'nın mutluluğunu paylaşınız! O şimdi, gerçi dönüp gelmek konusunda çok geç kalan, fakat o oranda da daha sağlam atılan adımlarla babasının sarayındaki ocağının başına yaklaşıyor.

Bu işi böyle mutlu bir şekilde düzelterek, onu yuvasına kavuşturan kutsal ilâhları anınız! Bir tutsak, büyük bir üzüntü içinde, zindanın mazgalından boş yere kollarını uzatarak, içini çekip dururken, serbest bırakılmış olan da, en büyük zorlukların üstünde, âdeta pervane gibi dolaşıyor.

Lâkin yurdundan uzaklaştırılan kraliçe, bir ilâhı üzdü. O da onu, İlios'un enkazı arasından tekrar buraya, babasının yeniden süslenen sarayına, ilk gençlik çağının tarif edilmez sevinç ve acılarıyla, hâtıralarını tazelesin diye getirdi.

Panthalis

(Koro şefi olarak)

Şimdi şarkının neşeli havasından ayrılarak, gözlerinizi kapının kanatlarına doğru çeviriniz! Ne görüyorum, kardeşlerim? Kraliçe, telâşlı adımlarla ve heyecan içinde, tekrar bize doğru gelmiyor mu? Ne oldu, büyük kraliçe? Sarayının salonlarında, adamlarının selâmlarından başka, seni böyle heyecana düşürecek neyle karşılaşabildin? Bunu gizlemiyorsun. Ben senin alnında nefretin izlerini görüyorum, hayretle çarpan asîl bir öfke seziyorum.

Helena

(Kapının kanatlarını açık bırakarak heyecan içinde)

Zeus'un kızına öyle âdi korku yakışmaz, dehşetin o atik ve hafif eli de, ona dokunamaz. Lâkin eski ve en sıradan karanlıkların koynundan çıkarak, bir yanardağın ateş saçan ağzından fışkıran alevli bulutlar gibi, değişik şekillerde dönerek yükselen korkunç bir şey, kahramanların bile yüreğini oynatır. Bugün Styx'liler, benim saraya girişimi öyle müthiş bir şekilde karşıladılar ki, o kadar çok çiğnediğim ve ne zamandan beri özlediğim şu kapının eşiğinden, tıpkı kovulan bir misafir gibi, koşarak uzaklaşmak istiyorum. Fakat hayır! Ben şimdi buraya, aydınlığa kaçtım. Siz kim olursanız olunuz, meçhûl kuvvetler, beni bundan fazla uzaklaştıramazsınız. Ben kurban merasimini hazırlayacağım ve ondan sonra temizlenecek olan ocağın alevi, bayanı da selâmlayabilir, bayı da...

Koro şefi

Asîl kadın, sana candan bir hürmetle bağlı olan hizmetkârlarına, gördüğün şeyi anlat.

Helena

Eğer ezeli karanlık, kendi mahsulünü hemen tekrar yutarak, o esrarengiz sinesini derinliklerine indirmediyse, benim gördüğümü siz de gözlerinizle görmelisiniz. Bununla beraber, bir fikir edinebilmeniz için, size bunu sözle de anlatayım: Sarayın o heybetli iç avlusuna, ilk vazifemi düşünerek, vakarla girdiğim vakit, ıssız dehlizlerin sessizliğine hayret ettim. Ne hummalı bir faaliyetle gidip gelenlerin gürültüsü kulağıma aksetti, ne de acele işi olanların koşması gözüme ilişti. Eskiden her yabancıyı güler yüzle karşılayan hizmetçi kızlarla kâhya kadınların da, hiçbirini göremedim. Lâkin ocağın sıcak kucağına yaklaştığım zaman, erimiş ateşlerin bıraktığı ılık küllerin yanında, iriyarı bir kadın gördüm. Uykuya değil, ama, herhalde düşüncelere dalmış gibi görünüyordu. Kocam ihtiyatlı davranarak sarayda bırakmış olduğu kâhya kadın zannederek, âmirane bir tavırla iş başına çağırdı. Fakat o, büzülüp oturduğu yerden kımıldamadı bile. Ancak benim tehdidim üzerine nihayet, sanki beni ocağın başından ve salondan kovuyormuş gibi, sağ kolumu oynattı. Ona öfkeyle arkamı dönerek hemen, üzerinde Thalamos'un süs içinde yükseldiği basamaklara doğru koştum hazine dairesi de oraya pek yakındı. Ancak, o garip yaratık da yerinden süratle fırlayıp kalktı ve o nice uzun boyu, o çukur, kanlı ve bulanık bakışları ve insanın hem gözünü şaşırtan, hem de zihnini altüst eden o acayip şekliyle karşıma dikilerek, hükmedercesine yolumu kesti.

Fakat ben boş yere çene yoruyorum. Zira hayaletleri canlı bir şekilde anlatmak için, ne kadar söz söylense nafiledir.

İşte onu bizzat görünüz! Hattâ aydınlığa bile çıkmaya cesaret ediyor! Güzelliğin dostu olan Phebus, karanlığın doğurduğu korkunç hayaletleri, ya mağaralara tıkar veya sindirir.

(Phorkyas kapı direklerinin arasında ve eşiğin üstünde durur)

Koro

Her ne kadar saçlarım şakaklarımın etrafında gençlik vaktindeki gibi dalgalanıyorsa da, ben çok şeyler görüp geçirdim! Bir sürü gecaatlere, sayısız harb felâketlerine şahit oldum, ve İlios'un düştüğü o meşum geceyi gördüm.

Tozu dumana katarak saldıran muhariplerin gürültüleri arasında, ilâhların korkunç bir şekilde haykırdıklarını işittim ve kavganın ovaları inleten tunç sesini surların arkasından duydum.

Ah, İlios'un o surları henüz dimdik duruyordu. Lâkin kazıl alevler, evden eve atlayarak ve kendi fırtınalarının hızıyla yer yer genişleyerek karanlıklara bürünmüş olan şehri, artık baştanbaşa kaplıyordu.

Kaçarken, dumanların ve kor yığınlarının arasından, sivri diller gibi yükselen alevlerin parıltısında, ilâhların müthiş bir öfkeyle yaklaştıklarını, ateşten etrafları kızaran koyu duman bulutlarını ortasında da dev gibi büyük ve acayip hayaletlerin ilerlediklerini gördüm.

Acaba ben bunları gördüm mü, yoksa dehşet içinde kalan ruhum, bunları hayal mi etti? Bunu hiçbir zaman söyleyemem. Fakat öyle korkunç bir şeyi, şimdi burada gözleriyle gördüğümden, kesinlikle eminim. Hattâ, eğer korku beni bu tehlikeli mahlûktan uzak tutmasaydı, onu ellerimle de yakalayabilirdim.

Sen Phorkys'in kızlarından hangisisin bakalım! Zira ben seni o soya benzetiyorum.

Bostan korkuluğu, sen bu güzelliğin yanında Phebus'un aldanmaz bakışlarının karşısına çıkmaya, nasıl cesaret ediyorsun? Bununla beraber yine meydana çık bakalım. Zira onun mübarek gözleri hiçbir zaman gölgeleri görmediği gibi kendisi de çirkin şeylere bakmaz.

Fakat ne yazık ki, hazin bir talihsizlik bizim gibi fanileri, böyle iğrenç ve ezelden uğursuz şeylerin, güzelliği sevenlerde meydana getirdiği tarifi imkânsız bir göz ağrısına atıyor.

Madem ki sen böyle küstahça karşımıza çıkıyorsun, o halde ilâhlar tarafından vücuda getirilmiş olan bahtiyarların sana lânet okuyan ağızlarından, bu gibi küfür ve tahrikleri dinle bakalım.

Phorkyas

Güzellikle ahlakın hiçbir zaman elele vererek, yeryüzünün yeşil yolları üstünde birlikte yürümedikleri, pek eski, fakat zihinlerde yüksekliğini ve doğruluğunu daima muhafaza eden bir sözdür. Her ikisinin de içinde eski bir kin, öyle derin kökler salarak yerleşmiştir ki, yoldan giderken herhangi bir tesadüfle birbiriyle karşılaşacak bile olsalar, her biri düşmanına arkasını döner. Ondan sonra da, daha sert adımlarla, haya üzüntü içinde, fakat güzellik küstahça niyetlerle, yollarına devam ederler ve nihayet, eğer ihtiyarlık daha önceden bellerini bükmediyse, Orkus'un derin karanlıkları onların etrafını sarar.

Yabancı bir ülkeden kötü emellerle gelerek buraya üşüşen küstahlar, ben şimdi sizleri, tepemizde uğursuz sesleriyle öterek uzun bir bulut halinde geçen ve sessiz bir yolcuyu, başını kaldırıp yukarıya bakmaya teşvik eden turnaların, acı ve boğuk sesler çıkaran sürüsüne benzetiyorum. Fakat siz çekilip gidiniz, o da yoluna devam etsin. Herhalde bizim sizden çekeceğimiz var.

Siz kim oluyorsunuz ki, kralın muhteşem sarayının etrafında, böyle arsız kadınlara mahsus bir çılgınlıkla, sarhoşlar gibi gürültü etmek küstahlığını gösteriyorsunuz?

Sarayın kâhya kadınına karşı, ayı görüp de uluyan bir köpek sürüsü gibi havlıyorsunuz? Sizin hangi soydan olduğunuzu bilmiyor muyum, sanıyorsunuz? Savaş içinde doğan, savaşlarda büyüyen, kendisi baştan çıktığı gibi herkesi de baştan çıkaran, hem muharipleri, hem de halkı kuvvetten düşüren, erkek delisi genç nesil seni! Sizi böyle kalabalık gördükçe, tarlalardaki yeşil ekinlerin üstüne, çekirgeler üşüşmüş gibi geliyor bana. Başkalarının gayretini baltalayan, gelişme halindeki her türlü refahı yok eden kemirici mahlûklar! Yakalanıp pazarda satılan ve elden ele dolaşan metalar!

Helena

Kraliçenin huzurunda hizmetçileri azarlamak, onun ev kadınlığı hakkına, küstahça el uzatmak demektir. Zira, takdire lâyık olanları övmek, suçlu olanları da cezalandırmak, yalnız ona aittir. Hem ben onların, İlios'taki o muazzam kuvvet kuşatılıp da şehir düştüğü ve yıkıldığı zaman, keza biz şaşkın bir halde orada burada dolaşırken, türlü türlü mahrumiyetlere katlandığımız, ve herkes ancak kendi derdiyle uğraştığı zamanlar, bana karşı yapmak zorunda kaldıkları hizmetlerden çok memnunum. Şimdi bu neşeli kitleden, burada da yanı şeyi bekliyorum. Bir efendi, uşağının ne olduğunu değil, yalnız nasıl hizmet ettiğini sorar. Onun için sen sus ve onlara karşı artık böyle suratını ekşitme. Eğer kralın sarayını, şimdiye kadar kraliçe adına, iyi korudunsa, bu da senin takdir edilmene vesile olur. Fakat o şimdi bizzat geldi. Sen de artık çekil ki, hak etmiş olduğun ödülün yerine, ceza görmeyesin.

Phorkyas

Ev halkını uyarmak, bahtiyar hükümdarımızın asîl zevcesinin, uzun senelerden beri onları idare etmek suretiyle kazanmış olduğu, büyük bir haktır. Madem ki sen şimdi tanındın ve yeniden hem kraliçe, hem de evin bayanı sıfatıyla, bu eski saraya tekrar giriyorsun, o halde çoktan beri gevşemiş olan dizginleri yakala ve hazineyle birlikte hepimizi mülkiyetin altına alarak, artık bize sahip çık. Fakat her şeyden önce, en yaşlı hizmetkârın olan beni, senin gibi güzel bir kuğu kuşunun yanında, kötü şöhretli geveze kazlardan başka bir şey olmayan, şu sürüye karşı koru.

Koro şefi

Çirkinlik, güzelliğin yanında, ne kadar çirkin duruyor.

Phorkyas

Budalalık, zekânın yanında, ne kadar da budala görünüyor.

(Buradan itibaren Choretide'ler birer birere korodan ayrılarak, cevap verirler)

1. Choretide

Babamın Erebus, ananın da Gece olduğunu bildir.

Koro

Sen de öz kardeşin Seylla'dan bahset.

2. Choretide

Senin soyun canavarlarla dolu.

Phorkyas

Hempalarını bulmak için, sen doğru Orkus'a git!

3. Choretide

Oradakiler sana göre pek gençtirler.

Phorkyas

Sen git de ihtiyar Tiresias'a yaltaklan...

4. Choretide

Orion'un süt ninesi, senin en küçük torunundu.

Phorkyas

Bana öyle geliyor ki, Harpye'ler seni pislikle besliyorlar.

5. Choretide

Bu kadar bakımlı olan şu sıska vücudu, sen neyle besliyorsun?

Phorkyas

Herhalde, senin o kadar düşkün olduğun kanla değil.

6. Choretide

Sen leşleri iştahla yiyen, iğrenç bir leşsin!

Phorkyas

O küstah ağzının içinde, cadı dişleri parlıyor.

Koro şefi

Ben senin kim olduğunu söylersem, o ağzını tıkayıveririm.

Phorkyas

Sen ilk önce adını söylersen, bu sır da ortadan kalkar.

Helena

Öfkeyle değil, fakat üzüntüyle aranıza girerek, bu

karşılıklı ve şiddetli atışmayı kesmenizi istiyorum! Zira bir hükümdarın, sadık hizmetkârları arasında gizli bir yara gibi işleyen bir hareketle karşılaşması kadar tehlikeli hiçbir şey yoktur. O zaman onun emirlerinin yankısı, çabucak ve tam olarak yapılmış fiillerin hoş sesleri halinde kulağına gelecek yerde, böyle serseri gürültüler, ne yapacağını şaşırarak onu bunu azarlayan hükümdarın etrafında, bir kasırga gibi eser. Yalnız bu değil. Siz terbiyesizce öfke saçarken, korkunç hayaletlerin uğursuz hayallerini de buraya üşüştürdünüz. Bunlar şimdi etrafımı öyle bir sarıyorlar ki, âdeta bizzat ben de Orkus'a doğru, yurdumun ovalarından o keşmekeşe doğru, sürüklendiğimi hissediyorum. Acaba bu bir hâtıra mıdır? Yoksa evhama mı kapıldım? Bütün bunlar ben miydim? Gene öyle miyim? İleride de öyle, o şehir yıkıcıların rüyalarına giren korkunç bir hayalet olacak mıyım? Kızlar titriyorlar fakat en yaşlıları olan sen, sakin duruyorsun. Bana ikna edici bir şeyler söyle.

Phorkyas

Uzun senelerden beri türlü türlü mutluluk rüyaları kurana, nihayet Allah'ın en büyük lütfu, bir rüya gibi görünür. Fakat sen, en yüksek nimetlere ölçüsüz ve sonsuz bir şekilde nail oldun ve bütün ömrünce, ancak ateşli sevdalılar gördün. Daha çocukken seni, Herkül gibi kuvvetli ve son derece yakışıklı bir adam olan Theseus yakaladı.

Helena

Ve beni, o on yaşındaki narin ceylân kaçırarak, götürüp Aphidnus'un Attika'daki şatosuna kapattı.

Phorkyas

Kastor'la Pollus tarafından çabuk kurtarıldın ve yine bir sürü seçme kahramanlar, senin peşinden koşmaya başladılar.

Helena

Fakat memnuniyetle itiraf ediyorum ki, hepsinden ziyade, tıpkı Pelide'ye benzeyen Patroklus benden gizli bir ilgi gördü.

Proykyas

Fakat babanın arzusuyla, denizlerde kahramanca dolaşan, aynı zamanda da, evini çok iyi koruyan, Penelas'la evlendin.

Helana

Ona kızını verirken, memleketin idaresini de devretmiş oldu. Sonra bu evlilikten Hermione meydana geldi.

Phorkyas

Fakat o Girit'i ele geçirmek için uzaklarda çarpışırken, tek başına kaldığın zaman sana son derece güzel bir misafir geldi.

Helena

Niçin o yarı dulluk zamanımı ve bunun neticesi olarak, nasıl müthiş bir perişanlığa düştüğümü, bana yeniden hatırlıyorsun?

Phorkyas

Çünkü o zamanlar ben de, hür doğmuş bir Girit'liyken, esir düşerek uzun bir köleliğe mahkûm oldum.

Helena

Demek ki seni hemen kâhya kadın sıfatıyla buraya göndererek birçok şeyi, sarayı ve kahramanca elde edilen servetleri, sana emanet etti.

Phorkyas

Evet, kulelerle çevrili olan İlios şehrine ve o bitmez tükenmez aşk gecelerine koşmak için, senin terk ettiğin şeyleri...

Helena

Zevki ve sefayı hatırına bile getirme! Benim göğsümün ve başımın üstüne, bir türlü sonu gelmeyen, en acı ıstıraplar yığıldı.

Phorkyas

Fakat diyorlar ki, sen bir çifte hayal halinde, hem İlios'da, hem de Mısır'da görünmüşsün.

Helena

Zaten karmakarışık ve âdeta hezeyan halinde olan zihnimi, büsbütün altüst etme. Şimdi bile ben bunların hangisi olduğunu bilmiyorum.

Phorkyas

Sonra bir de diyorlar ki: "Eskiden seni kaderin bütün cilvelerine rağmen seven Achill de, o derin gölgeler ülkesinde çıkarak, ruhunun bütün kuvvetiyle seninle birleşmiş!"

Helena

Ben de onunla birleştim. Bu bir rüyaydı. Nitekim rivayetlerde bile böyle söyleniyor. İşte artık kendimden geçerek, bizzat onun haline geliyorum.

(Yarım koronun kollarına düşer)

Koro

Sus! Sus! Uğursuz gözlü ve uğursuz ağızlı yaratık seni! Böyle iğrenç ve tek dişli dudaklardan, bu kadar korkunç ve vahşi gırtlaktan, nasıl hayırlı bir nefes çıkabilir!

Zira, hayırlı gibi görünen, kuzu postuna bürünmüş azgın bir kurt, bence üç kafalı köpeğin ağzından, çok daha duyuyoruz: Bu kadar derin tuzaklar hazırlayan bu garip, acaba nereden, ne zaman ve nasıl buraya geldi?

Sen şimdi, bol bir teselli bahşedecek ve geçmiş acıları Lethe gibi unutturacak en hoş sözleri güler yüzle söyleyecek yerde, bütün mazinin iyiliklerinden ziyade kötülüklerini eşeliyorsun ve halin parlaklığıyla birlikte, istikbalin tatlı tatlı parıldayan ümit ışığını da karartıyorsun.

Artık sus! Sus ki, kraliçenin zaten uçup gitmeye hazır olan ruhu, güneşin şimdiye kadar aydınlatmış olduğu vücutların en güzeline, yine bağlı kalsın, ona sımsıkı sarılsın.

(Helena, kendine gelerek, tekrar ortada durur)

Phorkyas

Örtülere bürünmüşken bile herkesi kendine çeken ve şimdi göz kamaştıran bir parlaklık içinde kendini gösteren, günün şanlı güneşi, şu geçici bulutların arasından sıyrılarak, meydana çık artık. Önünde bütün dünyanın nasıl açıldığını bizzat sen de tatlı bir bakışla seyrediyorsun. Beni çirkin diye ne kadar aşağılasalar da, ben güzelden çok iyi anlarım.

Helena

Başın döndüğü zaman etrafımı saran o ıssızlığın içinden, sallanarak çıkıyorum. Tekrar istirahat etmeyi çok isterdim. Zira vücudum öyle yorgun ki! Fakat kraliçelere hattâ bütün insanlara, hangi âni tehlikeyle karşılaşırlarsa karşılaşsınlar, kendilerine hâkim olmak ve cesaretlerini toplamak yakışır.

Phorkyas

Karşımızda bütün büyüklüğünle ve bütün güzelliğinle duruyorsun, bakışından da bir şey emrettiğin anlaşılıyor. Ne emrediyorsun? Söyle...

Helena

Terbiyesizce kavganızla boş yere geçirdiğiniz zamanı kazanmak için, hazır olunuz! Kralın bana emrettiği gibi, hemen bir kurban bulunuz.

Phorkyas

İçerde her şey hazır. Çanak, sehpa, keskin balta, serpilecek su, yakılacak buhur. Kurbanı da sen göster!

Helena

Kral onu tâyin etmedi.

Phorkyas

Onu söylemedi mi? Eyvahlar olsun!

Helena

Neden böyle üzülüyorsun?

Phorkyas

Çünkü seni kastediyor, kraliçem!

Helena

Beni mi?

Phorkyas

Evet. Şunlar da...

Koro

Aman, felâket!

Phorkyas

Baltayla idam edileceksin.

Helena

Ne feci! Fakat ben bunu sezmiştim, zavallı ben!

Phorkyas

Bu bana imkânsız gibi görünüyor.

Koro

Eyvah! Ya bizi hangi âkıbet bekliyor?

Phorkyas

O, asîl bir şekilde ölecek. Fakat siz, çatıyı içerden tutan yüksek direklere sıra sıra dizilerek, ökseye tutulmuş serçeler gibi çırpınacaksınız.

(Helena ile koro hayret ve dehşet içinde, iyi tertiplenmiş bir kalabalık halinde dururlar)

Phorkyas

Hayaletler!.. Size ait olmayan bir günden ayrılmak korkusuyla, burada heykeller gibi kaskatı kesilmiş duruyorsunuz. İnsanlar ve bütün hayaletler, tıpkı sizin gibi, güneşin parlak ışığından, isteyerek vazgeçmezler. Lâkin hiç kimse onları bu âkıbetten ne çevirir, ne de kurtarır. Bunu hepsi bildiği halde, ancak pek azları hoş görür.

Sözün kısası, siz mahvoldunuz! Onun için haydi iş başına...

(Ellerini çırpar. Bunun üzerine kapının önünde birtakım maskara kılıklı cüceler belirir ve bunlar verilen emirleri derhal yerine getirirler.)

Yaklaşın, karanlık yüzlü yuvarlak yaratıklar! Buraya doğru yuvarlanın. Kötülük yaymak fırsatı, burada istediğinizden daha bol. Altın boynuzlu idam tahtasına yer açın. Su testilerini doldurun. Siyah kanın iğrenç pisliğini temizlemek lâzım. Halıyı da toprağın üzerine serin ki, kurban şahane bir şekilde diz çöksün ve hemen bunun içine sarılarak, başı kesilmiş olmakla beraber, yine lâyık olduğu vakarla gömülsün.

Koro şefi

Kraliçe yanı başımızda düşünceli duruyor, kızlar da biçilmiş otlar gibi sararıp soluyor. Fakat ben en yaşlıları olduğumdan, kutsal görevim gereği, senin gibi yaşlı bir ihtiyarla konuşmak gereğini hissediyorum. Her ne kadar şu kalabalık seni beyinsizce tahrik ettiyse de, sen tecrübelisin, bilgilisin ve bize karış iyi niyetler besliyorsun. Onun için, bildiğin herhangi bir kurtuluş çaresi varsa söyle.

Phorkyas

Hemen söyleyeyim. Kendisini, aynı zamanda da çevresini oluşturan sizleri korumak, yalnız kraliçenin elindedir. Kesin bir karar vermesi lazım, hem de son derece çabuk...

Ey Pazze'lerin en saygıdeğeri, kâhinlerin de en bilgini Altın Makas'ı kapalı tut, ve bize hayırlı müjdeler ver. Zira önce dans edip eğlenmek, ondan sonra da sevgililerinin göğsünde dinlenmek için can atan küçücük vücutlarınızın, şimdiden havada tüyler ürpertici bir şekilde sallanarak sarsıldığını ve titrediğini hissediyoruz.

Bırak şu korkarları! Ben korku değil, acı duyuyorum. Bununla birlikte, eğer bir kurtuluş çaresi biliyorsan, onu saygıyla karşılarım. Akıllı ve uzun görüşlü olanlara, gerçekten çok defalar imkânsız şeyler mümkün görünür. Haydi söyle bakalım...

Koro

Haydi söyle, çabuk söyle. Talihsiz birer gerdanlık olarak boynumuza geçmek üzere olan o korkunç ve iğrenç ilmiklerden, nasıl yakamızı sıyıracağız? Bütün ilâhların anası olan Rhea, eğer sen bize acımazsan, başımıza neler geleceğini, şimdiden hissettiğimiz için, âdeta nefesimiz kesiliyor ve tıkanacak gibi oluyoruz.

Phorkyas

Nutkunun uzun açıklamasını sabırla dinleyecek kadar sabrınız var mı? Bunlar çok çeşitli hikayelerdir.

Koro

Sabrımız istediğinden bol! Seni dinledikçe yaşamış olacağız.

Phorkyas

Evde oturup da kıymetli bir hazineyi muhafaza eden ve koca binanın hem duvarlarını sıvamasını, hem de yağmur akıntısına karşı damını aktarmasını bilen, uzun süre rahat yaşar. Lâkin güzel ve mukaddes yuvasını düşünmeden terk ederek alçakça kaçıp giden, tekrar döndüğü zaman, eski evini bulur belki fakat yıkılmış olmasa bile, herhalde içerisinde her şey değişmiş olur.

Helena

Burada böyle herkesin bildiği şeyleri tekrarlamaya ne lüzum var? Hikâye anlatmak bahanesiyle, insanın canını sıkma.

Phorkyas

Bunlar tarihi şeyler herhangi bir kasıt yok. Korsanlığa çıkan Menelas, çalakürek bütün körfezleri dolaşarak, sahilleri ve adaları baştan başa haraca kesti, dönüşünde de, içerde yığılı duran ganimetleri getirdi. İlios'un önünde tam on yıl kaldı. Fakat yurduna ne kadar zamanda döndüğünü bilmiyorum. Ancak, acaba Tyndarcos'un muhteşem sarayı ne âlemde? Memleket ne halde?

Helena

Küfürbazlık senin bu derece iliklerine kadar işlemiş ki, bir kimseyi kötülemeden dudaklarını kıpırdatamıyorsun?

Phorkyas

Isparta'nın arkasında ve Taygetos'un ötesinde kuzeye doğru yükselen yayla, nice senelerden beri kendine haline terkedilmiş bir halde duruyordu. Eurotas orada şirin bir dere halinde akarak aşağıya doğru yuvarlanır, sonra vâdimizin sazlıkları arasında genişleyerek, sizin kuğu kuşlarınızı besler. İşte o sessiz yaylaya, kuzeyin karanlıklarından gelen cüretli bir ırk yerleşerek orada kendilerine, üstüne tırmanılamayacak kadar yüksek ve sağlam bir kale yaptılar, buradan memleketi ve halkı istedikleri gibi kasıp kavuruyorlar.

Helena

Bunu yapabildiler mi? Böyle bir şey tamamen imkânsız gibi görüyor.

Phorkyas

Vakitleri vardı, belki yirmi senedir buradalar.

Helena

Bir elebaşları var mı? Bu haydutlar çok mu ve birbirlerine tutuyorlar mı?

Phorkyas

Bunlar haydut değil, fakat bir başları var. Beni de ziyaret ettiği halde onu ele vermiyorum. Pekâla her şeyi alabilirdi. Halbuki, o vergi değil, serbest hediye dediği, az bir şeyle yetindi.

Helena

Görüşün nedir?

Phorkyas

Pek kötü değil! Benim hoşuma gidiyor. Neşeli, dinç, güzel yapılı ve Yunanlılarda pek az rastlanan bir zekâya sahip. Bu insanlara barbar diye hakaret ediyorlar. Halbuki ben hiçbirinin, İlios'un önünde yamyamlık derecesindeki bazı kahramanlar kadar vahşi olabileceğini, zannetmiyorum. Onun büyüklüğüne karşı saygı duyuyorum ve kendimi ona emniyet edebilirim. Hele onun kalesi! Siz bunu gözlerinizle görmeliydiniz! Bu sizin babalarınız, Zyklop'lar gibi kabasaba taşları üst üste yığarak, gelişigüzel vücuda getirdikleri sıradan duvarlardan, büsbütün başka türlü bir şey. Her tarafı çok muhteşem yapılmış. Dışarıdan bakılınca, onun gökyüzüne doğru, ek yerleri mükemmel, ayna gibi dümdüz ve çelik gibi yekpare bir halde, dimdik yükseldiği görülür. Buna tırmanmak... Böyle bir düşünce bile duvarlarda tutunamaz. İçerisinde de, dört bir tarafından çeşitli amaçlara göre türlü türlü şekillerde yapılmış daireler bulunan, geniş ve ferah avlular var. Burada irili ufaklı sütunlar, büyüklü küçüklü kemerler, hem dışarıya, hem de içeriye bakmak için balkonlar ve dehlizler görürsünüz. Sonra bir de armalar...

Koro

Bu armalar nedir?

Phorkyas

Sizin de bizzat gördüğünüz gibi, Ajax'ın kalkanında kıvrılmış bir yılan vardı. Theben'li yedi kahramanın kalkanlarında da, pek büyük anlamlar ifade eden resimler bulunuyordu. Bu açıdan bakıldığında, gökyüzünün karanlık boşluğunda ay ve yıldızlar ve bunda başka ilâheler, kahraman ve önderler, kılıçlar ve bir de meşaleler görülürdü ki, bunlar zavallı şehirler için, korkunç birer tehlike işareti idi. Bu gibi şekilleri bizim sayısız kahramanlarımız da parlak renkli resimler halinde, atalarından kalma birer arma olarak taşıyorlar. Bunların arasında aslanlar, kartallar, pençeler ve gagalar, ondan sonra öküz boynuzları, kanatlar, güller ve tavus tüyleri, aynı zamanda da altın yaldızlı, siyah ve gümüş renginde ve mavili kırmızılı çizgiler görürsünüz. İşte buna benzer şeyler, salonlarda sıra sıra asılı duruyor. O uçsuz bucaksız ve dünya kadar geniş salonlar, hepiniz dans edebilirsiniz?

Koro

Orada dansçılar da var mı?

Phorkyas

Hem de en mükemmelleri! Altın saçlı körpe delikanlılar. Mis gibi kokan gençler! Ancak Paris, kraliçeye pek fazla yaklaştığı zaman, böyle kokuyordu.

Helena

Sen mutluluktan tamamen ayrılıyorsun. Bana son sözünü söyle!

Phorkyas

Son sözü en söyleyeceksin. Bana ciddiyetle ve açıkça, "Evet" dersen, etrafını o kaleyle kuşatırım da...

Koro

Şu kısacık sözü söyleyerek, hem kendini, hem de bizi kurtarıver!

Helena

Nasıl? Kral Menelas'ın, bana kötülük edecek kadar vahşilik göstermesinden mi korkacağım?

Phorkyas

Senin Deiphobus'unu, dövüşürken ölen Paris'in kardeşini, nasıl duyulmadık bir şeklide sakatlayarak, senin gibi inatçı bir dulu, zorla kendisine köle etmeyi başardığını, burnunu ve kulaklarını da keserek, nasıl onu büsbütün sakatladığını unuttun mu? İnsanın tüylerini ürperten bir manzaraydı o...

Helena

Ona bunu yaptı, fakat benim yüzümden yaptı...

Phorkyas

Onun yüzünden de sana aynı şeyi yapacak. Güzellik bölünemez. Ona bütün olarak sahip olan, her türlü ortaklığa lânet okur ve böyle bir şeye razı olmaktansa, onu ortadan kaldırmayı tercih eder.

(Uzaktan boru sesleri duyulur. Koro yerinden sıçrar.)

Keskin boru sesi, nasıl insanın kulağını ve yüreğini parçalıyormuş gibi tırmalarsa, kıskançlık da, bir zamanlar sahibiyken sonradan kaybettiği ve artık kendisinin olmayan bir şeyi hiçbir zaman unutmayın bir adamın kalbini, öyle kemirir.

Koro

Boru seslerini işitmiyor musun? Silâh parıltılarını görmüyor musun?

Phorkyas

Hoş geldin, Efendimiz ve kralımız! Sana memnuniyetle hesap vereceğim.

Koro

Ya biz?

Phorkyas

Bunu pek iyi biliyorsunuz. Onun ölümünü gözlerinizle görünüz, sizi şurada içerde bekleyeni de, göz önüne getiriniz. Hayır, sizin için kurtuluş yoktur.

(Sessizlik)

Helena

İlk yapabileceğim şeyi iyice düşündüm. Sen adi şeytansın, bunu pekâlâ hissediyorum ve senin iyiyi kötüye çevirmenden korkuyorum. Fakat her şeyden önce seni takip ederek, o kaleye gideceğim. Üst tarafını ben bilirim. Kraliçenin şu sırada kalbinin derinliklerine gömdüğü şey, herkes için esrarengiz kalsın. Düş bakalım önüme, ihtiyar!

Koro

Ah, biz oraya nasıl isteyerek, ve hızlı hızlı yürüyerek gidiyoruz. Arkamızda ölüm; önümüzde de son derece sağlam ve aşılmaz duvarlar var. Bunları da tıpkı, sonunda ancak alçakça bir hile yüzünden düşen, İlios gibi iyi muhafaza et.

(Etrafa sisler yayılır ve sahnenin gerisini kaplar)

Fakat bu da ne böyle? Kardeşlerim, hele bir kere etrafınıza bakınız! Hava açık ve güneşli değil miydi? Halbuki şimdi Eurotas'ın o mübarek dalgalarından, buram buram sisler yükseliyor. Her tarafı sazlıklarla kaplı olan o sevimli kıyılar, daha şimdiden göze görünmez oldu. Suyun üstünde zarif bir şekilde kayıp giden ve toplu olarak yüzmekten hoşlanan, o nazlı ve mağrur kuğu kuşlarını da, artık maalesef göremiyorum.

Bununla beraber yine uzaktan onların o kısık seslerini işitiyorum. Bu mahlûkların ölüm habercisi olduklarını söylerler. Allah vere de bunlar bize, uzun, güzel ve beyaz gerdanlarımızla kuğu kuşlarına benzeyen bizlere ve kuğu kuşundan meydana gelen kraliçemize, vadedilen kurtuluşun müjdesi yerine, sonunda yine mahvolacağımızı haber vermekte olmasalar... Ah, nedir bu başımıza gelenler!

Artık etrafımızda her şey sislere büründü. Birbirimizi bile göremiyoruz! Ne oluyor? Biz yürüyor muyuz, yoksa ayaklarımızı hafifçe yere değdirerek uçuyor muyuz? Hiçbir şey görmüyor musun? Hattâ Hermez bile uçarak önden gitmiyor mu? Altın değnek de, bizim tekrar o kasvetli, loş aydınlıklı, elle tutulmayan şeylerle dolu, hıncahınç kalabalık ve ebediyen bomboş olan Hades'e dönmemizi, talep ve emreder gibi bir şekilde parlamıyor mu?

Evet, ortalık birden bire kararıyor. Koyu kurşunî ve duvar isi rengindeki sisler, yoğunluğunu kaybetmeden süzülüp gidiyor. Serbest nazarların karşısına, dimdik surlar çıkıyor. Bu bir saray mıdır? Yoksa derin bir hendek mi? Herhalde müthiş bir şey! Ah kardeşlerim, biz esiriz, yine her zamanki gibi esiriz!

Kalenin iç avlusu

(Etrafında, ortaçağa has zengin ve mükellef daireler)

Aceleci ve delişmen, tam anlamıyla birer kadın olarak yaratılmışsınız! Hepimizin kaderi, mutluluğu veya felâketi, bu ana bağlı bulunuyor! Sizi bunların hiçbirini sükûnetle karşılamasını bilmezsiniz ki! Sürekli olarak biriniz diğerlerine şiddetle çatıyor, ötekiler de ona büsbütün aksi cevaplar veriyor. Sevinç içindeyken de, ıstırap çekerken de, hep aynı perdeden bağrışıp gülüşüyorsunuz. Artık susunuz ve dikkat kesilerek, kraliçemizin o yüksek zekâsıyla, burada hem kendi adına, hem de bizim için vereceği kararı bekleyiniz!

Helena

Neredesin, Pyhonissa? Adın nasıl istersen öyle olsun. Şu karanlık şatonun kubbeleri arasında meydana çık. Yoksa sen, iyi karşılanmamı temin için, kahramanların o olağanüstü reisine, benim geldiğimi mi haber vermeye gittin? Eğer böyleyse, sana teşekkür ederim. Beni çabuk onun yanına götür. Artık bu başıboşluğun sona ermesini arzu ediyorum. Sadece dinlenmeye çekilmek istiyorum.

Koro şefi

Boş yere etrafına bakınıyorsun, kraliçe. O aşağılık hayalet ortadan kayboldu. Belki de bizim, süratle ve acayip bir yürüyüşle ortasından geçerek buraya geldiğimiz, o sislerin arasında kalmıştır. Ya da, birçok binaların garip bir tarzda birleşmesinden vücuda gelen, bu şatonun dolambaçlı dehlizlerinde, şüpheli şüpheli dolaşarak, yapılacak olan prenslere mahsus büyük selâmlama töreni hakkında, reisin fikrini soruyordu. İşte bak, tam şu sırada yukarıda birçok saray müstahdemleri dehlizlere, pencerelere ve kapılara üşüşerek, oraya buraya gidip geliyorlar. Bütün bunlar, asîl misafirin çok iyi karşılanacağını gösteriyor.

Koro

Kalbim şiddetle çarpıyor! Hele şuraya bakınız. En güzel gençlerden oluşan bir kafile, mükemmel düzenlenmiş bir alay halinde, kesik kesik adımlarla, ne kadar zarif bir şekilde bize doğru yavaşça ilerliyor. Bu nasıl oluyor? Genç delikanlılardan oluşan bu muhteşem kalabalık, acaba kimin emriyle bu kadar çabuk dizilerek böyle düzenli bir halde karşımıza çıkıyor? Ben niye hayran oluyorum böyle? Acaba bunların edalı yürüyüşlerine mi, göz kamaştırıcı alınlarını süsleyen bukleli saçlarına mı, yoksa şeftali gibi kırmızı ve onun gibi yumuşak tüylü yanaklarına mı? Bunları ısırasım geliyor, fakat korkuyorum. Çünkü buna benzer bir olayda -ki söylemesi bile insanın tüylerini ürpertiyor- ağzıma kül dolmuştu. Fakat asıl en güzelleri bu tarafa doğru geliyor. Bunlar ne taşıyorlar böyle? Taht için basamaklar, halı, kenar örtüsü ve bir de çadır gibi süslü bir şey. Bu bizim kraliçemizin başının üstünde, halka halka bulutlar gibi dalgalanıyor. Zira o davet edilerek, bu muhteşem kürsüye kuruldu bile. Yaklaşınız ve ciddî bir tavırla, basamaklara sıra sıra diziliniz. Böyle bir karşılama töreni büyük bir ciddiyetle, evet ciddiyetle, hem de üç kat ciddiyetle kutlanmalı!

(Koronun bütün söyledikleri, birer birer gerçekleşir. Faust, delikanlılar ve uşaklar uzun bir kafile halinde aşağıya indikten sonra, sırtında ortaçağ asilzadelerine mahsus bir saray elbisesi olduğu halde, merdivenin üst başında görünerek, yavaş yavaş ve gösterişle inmeye başlar.)

Koro şefi

(Ona dikkatlice bakarak)

Buna ilâhlar sık sık yaptıkları gibi, yalnız kısa bir müddet için geçici olarak, hayret edilecek kadar güzel bir endamla yüksek bir asalet ve sevilmeye değer bir varlık hediye etmemiş olsalar bile, o giriştiği her işte, erkeklerle savaşmada olduğu gibi en güzel kadınlarla ufak savaşlardan da, daima başarılı olur. Hattâ bu, benim gözlerimle görüp yine pek takdir ettiğim, diğer bir çoklarından da üstün, doğrusu. Prensin ağır, ciddi ve hürmet hissiyle zaptedilmiş adımlarla, ilerlediğini görüyorum. Ey kraliçe, başını çevir de bak!

Faust

(Yanında zincirlere vurulmuş birisi olduğu halde, yaklaşarak)

Seni, uygun olduğu gibi, en sıradan bir şekilde selâmlayıp hürmetle karşılayacak yerde, sana karşı vazifesini ihmal ederek, benim de vazifeme engel olan, şu zincirlere vurulmuş uşağı getiriyorum. Bu en asîl kadına suçunu itiraf etmek üzere, şurada diz çök bakalım! İşte bu, şanlı kraliçe, şu yüksek kuleden, ufuklara kadar uzanan geniş arazinin şurasında burasında olup bitenleri, tepelerin üstünden vadiye ve bu sağlam kaleye doğru yaklaşacak olan hayvan sürülerini veya düşman ordularını iyice gözetleyip haber vermek için görevlendirilen, son derece keskin gözlü bir adamdır. Biz sürüleri himaye ederiz, düşmanı da uzaktan karşılarız. Fakat bugün her şeyi çok ihmal etti. Sen yaklaşıyorsun da, bunu haber vermiyor! Bu suretle böyle yüksek bir misafire borçlu olduğumu en hürmetli misafirperverliği göstermek fırsatı kaçırılmış oluyor. İşlediği bu cinayetle ölümü hak ettiğinden, şimdiye kadar kanlar içinde yatacaktı bile. Fakat onu artık yalnız sen beğendiğin gibi cezalandırır veya affedersin.

Helena

Madem ki sen bana hem hâkimlik, hem de hükümdarlık gibi yüksek bir rütbe veriyorsun, benim tahmin edebildiğime göre, bu sadece bir tecrübe mahiyetinde olsa bile, yine ben hâkimin, zanlıyı dinlemekten ibaret olan, ilk vazifesini yerine getiriyorum. Haydi, söyle bakalım. Bırak da önünde diz çökerek onu seyredeyim, ondan sonra da ister öleyim, ister yaşayayım. Zira, Allah tarafından gönderilen bu kadına, ben artık kendimi büsbütün verdim.

Bütün olup bitenlerin farkında mıydım ki? Etrafı sis kaplamış, sonra bu sisler dağılmış ve böyle bir ilâhe meydana çıkıvermişti! Bekçilik vazifemi ve hele ant içerek teslim aldığım boruyu, büsbütün unuttum. Artık istersen beni yok edeceğini söyle... Güzellik her türlü hiddeti yener!

Helena

Sebep olduğum bir kötülüğü ben cezalandıramam.

Vay başıma gelenler! Ne yaman bir talih benim peşime takılmış. Her yerde erkekleri öyle çileden çıkarttım ki, ne kendilerini, ne de herhangi bir kutsal şeyi esirgediler. İşte böylece yarı ilâhlar, kahramanlar, ilâhlar ve hattâ şeytanlar bile beni kapıp kaçırarak, baştan çıkararak, zorla kendilerine baş eğdirerek ve oraya buraya sürükleyerek, serseri gibi dolaştırıp durdular. Ben yalnızken dünyayı birbirine kattım, çift olunca onu büsbütün altüst ettim, şimdi de üçleşince ve hattâ dörtleşince, felâket üzerine felâket getiriyorum. Bu zavallıyı uzaklaştır ve onu serbest bırak. Allah'ın şaşırttığı bir kimse, hiçbir hakaret görmemelidir.

Faust

Ah kraliçem! Ben burada hem keskin nişancıyı, hem de vurulanı aynı zamanda ve hayretle görüyorum. Onu yaralamış olan oku fırlatan yay, karşımda duruyor. Birbirini takip eden oklar, bana da isabet ediyor. Bunların her tarafa doğru son derece şiddetle saldırarak, kalenin içinde ve dışında, o tüylü uçlarıyla vızıldadıklarını duyuyorum. Ben artık neyim? Sen birden bire en sadık adamlarımı âsi yaptın. Kalemin duvarlarını emniyetsiz bir hale getirdin. Bu vaziyette şimdiden benim ordumu bile daima yenen ve hiç yenilmeyen kadına itaat etmesinden korkuyorum. Artık benim için kendimi ve benim olduğunu tahmin ettiğim her şeyi, sana terketmekten başka yapacak ne kalıyor? Bırak da samimiyet ve sadakatle senin ayaklarına kapanarak, böyle daha geri gelmez hem mülkü, hem de tahtı ele geçireni, hükümdar olarak tanıyayım.

Lynceus

(Elinde bir sandık, arkasında da daha başkalarını taşıyan adamlar olduğu halde)

İşte kraliçe, ben yine geldim! Bu zengin senden bir bakış dileniyor ve sana bakınca hemen kendisini dilenecek derecede fakir, prensler kadar da zengin hissediyor. Ben ilkönce neydim? Acaba ne istemeli? Ne yapmalı? Gözlerimin son derece keskin görüşü neye yarar ki! O senin tahtına çarparak geriye sıçrıyor. Biz doğudan gelince, batının işi bitmişti artık. Her tarafı enine boyuna kaplayan o müthiş kalabalıkta, öndekinin geridekinden haberi yoktu. Karşımıza ilk çıkan yuvarlandı, ikincisi daha ayaktayken, üçüncüsünün mızrağı elimize geçti. Her birimiz yüz kat kuvvetlenmişti ve biz farkında bile olmadan, binlerce kişi yere serilmişti. Durmadan ilerliyor ve hep saldırıyorduk. Birer birer her yere hâkim oluyorduk ve benim bugün hüküm sürdüğüm bir yerde, ertesi gün bir başkası çalıp çırpıyordu. Her şeyi süratle gözden geçiriyorduk. Kimisi en güzel kadını yakalıyordu, kimisi de dipdiri bir boğayı. Bütün atları da beraber sürüklüyorlardı. Fakat ben en nadir görülen şeylere göz dikmekten hoşlanıyordum. Başkalarının elde ettikleri, benim için kurumuş ot yerine geçiyordu. Ben servetlerin izi üstündeyim. Yalnız keskin gözlerime uyarak, bütün ceplerin içine bakıyordum, ve bütün dolaplar bana şeffaf görünüyordu. Bu suretle yığın yığın altınlar ve nadide taşların en muhteşemleri benim oldu. Yalnız o zümrüt bile, senin kalbinin üstünde yeşil yeşil pırıldamaya lâyıktır. Denizin dibinden çıkarılmış inciler, artık senin kulaklarınla ağzının arasında, dizi dizi sallansın. Yakutlar da şimdi hep korkacaklar. Yanaklarının kırmızlığı onları soldurarak... İşte ben, böyle en büyük servetleri, getirip önüne döküyorum. Nice kanlı savaşların ürünü, senin ayaklarının dibine yığılsın. Buraya sürüklediğim bu kadar çok sandıklarından başka, daha demir kasalarım da var. Sana yoldaşlık etmeme müsaade edersen, hazinelerini kubbelerine kadar servetlerle doldururum. Zira, sen tahta kurulur kurulmaz, zekâ, zenginlik ve kudret senin önünde, o eşsiz endamının karşısında, hep birden boyun eğiyorlar. Bütün bunları ben, kendi malım olarak, sımsıkı muhafaza ediyordum. Fakat onlar artık elimden gidiyor ve senin oluyor. Ben bunları pek değerli, yüksek ve âdeta peşin para zannederdim. Şimdi görüyorum ki, hepsi hiçmiş. Sahip olduğum şeyler gözümden silindi; hepsi kopmuş ve solmuş birer ot haline geldi. Ah, sen nazlı bir bakışınla, onlara bütün değerlerini yeniden iade et!

Faust

Büyük bir kahramanlıkla elde edilmiş olan bu faydasız yükleri, çabuk buradan uzaklaştır. Gerçi bundan dolayı eleştiri almazsın, fakat bir ödüle de kavuşamazsın. Şu kalenin içinde ne varsa, artık hepsi onundur. Kendisine ayrıca bir şey sunmaya gerek yok. Sen git de içerdeki servetleri güzelce üst üste istif et. O görülmemiş görkemin eşsiz manzarasını canlandır! Kubbelerin içini berrak bir sema gibi parlat, oraları sessiz birer cennet haline getir. Ondan önce koşarak, yolun üstüne çiçekli halılar ser ki, ayakları yumuşak bir zemine bassın ve bakışları, ancak ilâhî olanların gözlerini kamaştırmayan, en parlak renklerle karşılasın.

Lynceus

Hükümdarın emrettiği bir şey etkisiz fakat hizmetkârın kendiliğinden yaptığı, zevkli olur. Zaten bu güzelliğin haşmeti, hem malınıza, hem de canımıza hâkim değil mi. Şimdiden bütün ordu kuzu gibi uysal, bütün kılıçlar da kör ve kötürüm oldu. Bu nefis endamın önünde güneş bile donuklaştı ve soğudu. Bu manzaranın ihtişamı karşısında, her şey boş ve hiçtir.

Helena

(Faust'a bakarak)

Seninle konuşmak istiyorum. Fakat önce buraya, benim yanıma gel! Bu hoş yer, benimkini sağlamlaştıracak olan, sahibini bekliyor.

Faust

Ey asil kadın! İlk önce izin ver de, önünde diz çökerek, sana bağlılık göstereceğime dair yemin edeyim ve beni yanına çeken eli öpeyim. Uçsuz bucaksız ülkenin müşterek hükümdarlığına beni kabul ederek, aynı zamanda hem bir hizmetçi, hem de bir bekçi kazan!

Helena

Pek çok harikalar görüyor ve işitiyorum. Hayret içinde kalarak birçok şey sormak istiyorum. Ancak, ilk önce şunu öğrenmek arzusundayım: Neden bu adamın sözleri bana bir garip, hem acayip, hem de şefkatli geldi? Sanki seslerin her biri diğeriyle kaynaşıyor ve kulağıma akseden her kelimeyi, bir başkası okşamaya geliyormuş gibi oluyor.

Faust

Halkımızın konuşma tarzı hoşuna gidiyorsa, şarkılarının da seni etki altına alacağı, bundan kulağının ve ruhunun son derece derin bir haz duyacağı muhakkaktır. En iyisi, hemen bir tecrübe edelim. Karşılıklı konuşma onu çeker, davet eder.

Helena

O halde söyle bakalım, ben nasıl böyle güzel konuşabilirim?

Faust

Bu pek kolay: Sözler gönülden gelmeli. İnsanın kalbi duyguyla dolup taşınca, etrafına bakınarak sorar...

Helena

"Acaba kim benimle birlikte feleğe pabucunu ters giydirecek?" diye.

Faust

O zaman aklımız ne ilerisini görür, ne de gerisini. Yalnız şimdiki hal...

Helena

Sadece bizim mutluluğumuzdur...

Faust

O bir hazine, en yüksek bir kazanç, bir mülk ve bir armağandır. Bunun kim emniyet altına alacak?

Helena

Benim elim...

Koro

Prensesimizin, bu kalenin sahibine karşı öyle muhabbet göstereceğini, kim tahmin ederdi? Zira, itiraf ediniz ki, İlios'un o feci sessizliğinden beri işte yine hepimiz esiriz. Erkeklerin aşkına alışkın olan kadınlar, böyle bir hakka sahip değillerse de, insan sarrafıdırlar. Altın saçlı çobanlara olduğu gibi, gerektiği takdirde belki siyah kıllı vahşilere de, tombul vücutları üzerinde, tamamen aynı hakkı bağışlarlar.

Artık birbirlerine iyice sokulup yaslanarak, omuz omuza, diz dize oturuyorlar ve elele vererek, tahtın o muhteşem minderleri üstünde sallanıyorlar. Onların ihtişamları, gizli sevinçlerini, halkın taşkınlıkları karşısında bile, açığa vurmalarına engel olmuyor.

Helena

Kendimi çok uzak ve bununla birlikte yine pek yakın hissediyorum. İçimden gelen bir sevinçle de, "İşte buradayım, buradayım!" diye haykırıyorum.

Faust

Ancak zorla nefes alabiliyorum, sözler içimde titriyor ve boğazıma takılıp kalıyor. Bu bir rüyadır, zaman ve mekân artık ortadan kayboldu.

Helena

Ben kedimi yıpranmış fakat buna rağmen yine taptaze bir halde seninle kaynaşmış, bu yabancı sadakatle bağlanmış buluyorum.

Faust

Bu eşsiz mutluluğu, böyle kuruntularla bozma! Bir an için bile olsa, var olmak bir ibadettir.

Phorkyas

(Telâşla içeriye girerek)

Aşk alfabesini heceleyip durun, şakalaşıp sevişirken hayaller kurun ve hülyalara dalıp sevişerek tembel tembel oturun. Lâkin şimdi bunun sırası değil. Boğuk bir gürültü işitmiyor musunuz? Hele şu boru seslerini dinleyin, kıyamet uzak değil. Menelesa, peşinden dalgalar halinde gelen ordusuyla, üstümüze doğru yürüyor. Çetin bir savaşa hazır olun.! Etrafında kaynaşacak olan o muzaffer sürüler tarafından Deiphobus gibi sakat bir hale getirilerek, kadın ayartmanın cezasını çekeceksin. İlkönce şu hafif metaları sallandıracaklar, bunu için de, idam tahtasının yanında, yeni bilenmiş balta hemen hazır.

Faust

Ne cüretli bir tâciz bu! Bütün iğrençliğiyle içeriye dalıyor. Tehlike anlarında da olsa, ben böyle hissiz ucubeleri görmek istemem. En güzel haberciyi bile, felâket haberi çirkinleştirir. Halbuki sen, dünyanın en çirkin yaratığı olduğun halde, bir de üstelik fena haberler getirmekten hoşlanıyorsun. Fakat bu sefer bunda başarılı olamayacaksın. Sen boş lâflarınla havayı korkut. Burada hiçbir tehlike yoktur. Böyle bir şey görünse bile, felakete mahkûm bir tehditten ibaret kalır.

(Kulelerden işaretler verilir, toplar atılır, boru sesleri ve savaş havaları duyulur, ordunun muhteşem kuvvetleri yürüyüşe geçerler.)

Faust

Hayır, sen o kahramanların ayrılmaz dizilerini, toplu olarak görmelisin: Ancak bunlar en kuvvetli bir şekilde muhafaza etmesini bilen, kadının övgüsüne lâyıktır.

(Kıtaların başından ayrılarak yaklaşan ordu komutanlarına)

Ey kuzey gençliğinin çiçekleri ve doğunun en güzide kuvvetleri; size zaferi muhakkak olarak kazandıran, şimdi zorla zaptettiğiniz o sessiz kahramanlığınızdır. Çeliklere bürünen, etrafında şimşekler çakan ve sayısız imparatorlukları yıkan bu ordu, göründüğü zaman yerler titrer, geçip gittikten sonra da, arkasından gök gürler. Biz Pylos'da karaya çıkınca, intiyar Nestor yok oldu, bütün o küçük krallar sürüsünün başıboş ordusu da, çil yavrusu gibi dağıldı. Şimdi de Meneles'i hemen bu halden uzaklaştırarak, denize doğru sürün. Orada istediği gibi dolaşarak, çalıp çırpsın ve pusu kursun. Zaten bu onun beklenen sonuydu. Âsil ordu komutanları, Isparta kraliçesi sizi selâmlamamı emrediyor. Şimdi dereleri ve tepeleri aşacaksınız ve imparatorluğun kazanacağı yerler sizin olacak. Ey Germen, Korinth'in körfezlerini surlarla çevirerek, sen savun! Sonra, yüzlerce geçidi olan Achaia'yı da, sana emanet ediyorum, Got. Frank'ların orduları Elis'e doğru yürüsünler, Messene Saksonyalıların payı olsun, Norman'lar da denizleri temizleyerek Argolis'i muazzam bir ülke haline getirsinler. Ondan sonra artık herkes evinde rahat rahat oturarak, kuvvetini ve şiddetini dışarıya doğru çevirecek. Fakat yine siz, kraliçenin senelerden beri payitahtı olan, Isparta'ya bağlı olacaksınız. O hepinizin, hiçbir nimeti eksik olmayan bu memleketten, ayrı ayrı yararlandığınızı görecek, siz de emniyeti, adaleti ve feyizli, onun ayaklarının dibinde bulabileceğinizden, emin olacaksınız.

(Faust aşağıya iner, prensler de, ondan daha yakından emir ve talimat almak üzere, etrafında bir halka oluştururlar.)

Koro

Kadınların en güzeline sahip olmak isteyen, akıllı davranarak, her şeyden önce bütün gayretiyle silâhlanmaya bakmalıdır. Gerçi o, yeryüzündeki en ayrıcalıklı bir şeyi dalkavuklukla da elde etmiş olabilir. Fakat buna rahat rahat sahip olamaz. Dolandırıcılar ona yaltaklanarak hileyle, haydutlar da cüretli bir tarzda zorla, bunu onun elinden alırlar. İşte bunun önüne geçmek için, tedbirli olmalıdır. Onun için ben prensimizi takdir ediyorum ve onu başkalarından yüksek buluyorum. Öyle cesur ve akıllı davrandı ki, bütün yiğitler itaatkâr bir vaziyette, onun vereceği herhangi bir işareti bekliyorlar. Hem bizzat bendi çıkarlarını korumak, hem de hükümdara şükran borçlarını ödemek ve her iki şekilde de büyük bir şöhret kazanmak arzusuyla, onun emirlerini sadakatle yerine getirecekler. Artık bu kudretli sahibinin elinden, onu kim alabilir? O onundur ve ona bağışlanmalıdır. Bizden yana iki kat onun olsun. Zira o onu, aynı zamanda da hepimizi, içeriden en emniyetli duvarlarla, dışarında da en kuvvetli bir ordu ile sardı.

Faust

Bunlara hediye edilen nimetler -hep biri birisine terk edilen o zengin ülkeler- büyük ve muhteşemdir. Bırak gitsinler! Biz orta yerde dayanırız. Dört bir etrafından dalgalarla dövülen ve Avrupa dağlarını en son koluna, hafif tepeciklerden bir zincirle bağlı duran yarımada, onlar seni yarışırcasına savunurlar. Artık benim kraliçemin olan bu bütün ülkelerden daha güneşli memlekete, ebediyete kadar her millet kutlu olsun. Bu ülke onu, bir gün erkenden Eurotas'ın hışırdayan sazlıkları arasında, kabuğunu kırarak her tarafını nurlar içinde bıraktığı ve ışığı o asîl annesiyle kardeşlerinin gözlerini kamaştırdığı vakit, üstünde görmüştü. Bu memleket, sadece tekrar senin olmakla, en yüksek ihtişamını bulur. Sen kendi yurdunu, hepsi sana ait olan yeryüzünün bütün ülkelerine tercih et! Her ne kadar onun dağlarını üstündeki o sivri uçlu tepe, güneşin soğuk ışıklarına katlanıyorsa da, kayalıkları hep yeşillikler içindedir ve buralardan keçiler gıdaların bol bol alırlar. Pınarlar fışkırır, dereler birleşerek akar. Boğazlar, yamaçlar ve çayırlar, artık yeşillenmiştir bile. Yüzlerce küçücük tepelerle süslenmiş olan ovanın her tarafına, koyun sürülerinin yayıldığını görürsün. Boynuzlu hayvanlar, dağınık bir halde, ölçülü ve temkinli adımlarla, o dik yamaca tırmanırlar. Orada, bunların hepsi için barınacak yerler hazırdır. Duvar gibi yükselen kayalıkların arasında, yüzlerce mağara göze çarpar. Pan onları orada korur, fundalıklı çukurların ıslak ve serin yerlerinde hayat perileri oturur, sıkışarak birbirlerine yaslanmış olan ağaçlar da, dallarını daha yükseklere doğru, hasretle uzatıp durur. Bunlar yaşlı ormanlardır! Burada meşeler dimdik ve heybetlidir, dalları birbirine karışarak, garip bir şekilde sivrilir. O tatlı usareli akçaağaçlar da, tertemiz yükselerek, üzerlerindeki yüklerle birlikte, nazlı nazlı sallanırlar. Ana gibi şefkatli olan gölgeliklerin bağrından, çocuklarla kuzular için, hazır ve ılık süt fışkırır. Ovaların olgun gıdasını teşkil eden meyveler uzakta değildir. Ağaçların oyuk gövdelerinden bal akar. Hattâ Apoll çobanların arasına karıştığı vakit, bunların en güzellerinden biri tıpkı ona benziyordu. Zira, tabiatın tertemiz bir şekilde hükümran olduğu yerlerde, bütün âlemler birbirleriyle kaynaşırlar.

(Helena'nın yanına oturur.)

İşte biz seninle böyle muradımıza erdik. Artık maziyi unutalım! En büyük bir ilâhtan meydana gelmiş olduğunu hisset, ilk âleme mensup olan, yalnız sensin. Sen bu korunaklı kalede kapanıp kalacak değilsin! Bizim sonsuza kadar gençlik kuvvetine sahip olarak, mutluluk içinde yaşamamız için, Isparta civarında Arkadya da var. Mutlu bir ülkede yaşamak hevesine kapılarak kaçıp geldin ve burada mutlu bir talihe kavuştun! Artık tahtlarımız çardaklara dönüşsün, bizim mutluluğumuz da, Arkadya gibi, her şeyden âzade olsun.

Sahne baştanbaşa değişir

(Bir sıra kaya kavuklarına dayanmış kapalı çardaklar. Bunların etrafını saran dimdik kayalıklara kadar, uzanan gölgeli bir koruluk. Faust'la Helena görünmemektedirler. Koro, orada, dağınık bir halde yerlere uzanmış, uyumaktadır.)

Phorkyas

Şu kazların ne zamandan beri uyuduklarını bilmiyorum. Çünkü, benim apaçık bir şekilde gözlerimle gördüğüm şeylerin, rüyalarına girip girmediği de bence meçhul. Onun için ben bunları uyandırıyorum. Bu genç yaratıklar şimdi hayret içinde kalacaklar. Şurada, aşağıda oturan ve sabırsızlanıp duran sakallılar, siz de öyle, bu bilinmezliğin nihayet inanılabilecek bir tarzda çözüldüğünü görerek, hayret edeceksiniz. Haydi, artık kalkınız! Buklelerinizi sallayarak, gözlerinizden uykuyu atınız! Böyle öfkeli öfkeli bakmayınız ve beni dinleyiniz!

Koro

Söyle bakalım, anlat!. Ne tür harikalar ortaya çıkardığını bildir! Biz, inanamayacağımız şeyler işitmek istiyoruz. Artık, sadece bu kayaları seyretmekten usanç geldi.

Phorkyas

Daha gözlerinizi bile ovuşturmadan, hemen usanç mı duymaya başladınız, çocuklar? O halde dinleyin: Şu gördüğünüz kaya kavuklarıyla mağaraların ve çardakların içine, bizim bayımızla bayanımız, peri masallarında sevişen çiftler gibi, sığınmış ve gizlenmiş bulunuyorlar.

Koro

Nasıl, şunların içine mi?

Phorkyas

Onlar dünyadan uzaklaşarak, yalnız bir tek beni, sessizce hizmet etmek üzere, yanlarına çağırdılar. Ben bundan büyük bir şeref duyarak bir kenara çekildim fakat güvenilenlere yakıştığı gibi, hep başka şeylerle meşgul oldum. Oraya buraya koşarak, her türlü etkilerini bildiğim bazı köklerle yosunlar ve kabuklar aramaya başladım. Böylece onlar yalnız kaldılar.

Koro

Fakat sen, sanki içeride dünya kadar geniş yerler, ormanlar, çayırlar ve göller varmış gibi yapıyorsun. Ne masallar uyduruyorsun böyle!

Phorkyas

Herhalde bunlar henüz keşfedilmemiş derinliklerdi.

Yan yana salonlar, iç içe avlular... Bunları hep ben düşünerek meydana çıkardım. Fakat bu mağaraların içinde, birdenbire bir kahkaha çınladı. Başımı çevirip baktım: Bir erkek çocuk kadının kucağından erkeğinkine ve babasından da tekrar annesine doğru sıçrayıp duruyor. Birbirini takip eden okşamalar, şakalaşmalar, çılgın bir aşkın cilveleri, gülüşmeler ve sevinç feryatları, beni âdeta sersem etti. Bu çırılçıplak ve kanatsız melek, hiç de hayvana benzemediği halde vahşi bir hayvan gibi, o sert zeminin üstüne atladı. Fakat onu tekrar hızla havaya doğru fırlattı ve ikinci, üçüncü sıçrayışında, tepesi yüksek kubbeye değdi.

Annesi endişeyle, "İstediğin kadar sıçra, fakat sakın uçayım deme! Serbest uçuş sana yasaktır" diye haykırdı. Babası da şefkatle, şöyle bir ihtarda bulundu:

"Yerde bir itenek vardır ve seni yukarıya doğru fırlatan budur. Sen sadece ayaklarının ucunu yere dokundurmakla toprak ananın oğlu Antaus gibi, hemen kuvvetlenirsin."

İşte böylece o da şu koskoca kayaların üstünde, köşeden köşeye gidip gelerek ve dönüp dolaşarak, hızla atılan bir top gibi zıplamaya başladı. Fakat dik uçurumlu bir yarığın içinde, birden bire gözden kayboldu ve o zaman artık onu kaybettiğimizi zannettik. Annesi ağlayıp sızladı, babası teselli etti, ben de omuz silkerek, endişe içinde durakladım. Fakat o tekrar göründü, hem de nasıl! Orada gizli hazineler mi var, nedir? Sırtına yol yol çiçeklerle süslenmiş muhteşem bir elbise giymişti. Kollarından püsküller sallanıyor, göğsünde de kurdeleler dalgalanıyordu. Elinde altından bir çalgı olduğu halde, tıpkı küçük bir Phebus gibi neşe saçarak o köşeye, o çıkıntılı yere doğru ilerdi. Hepimiz hayret içinde kaldık. Annesiyle babası, sevinçlerinden birbirlerinin kolları arasına atıldılar. Lâkin onun başında parlayan şey neydi? Göz kamaştıran bir şeyin târifi güçtür. Acaba bu altından bir süs müydü?

Koro

Sen buna harika mı diyorsun, Girit mahsulü? Sen hiç insana şiir şeklinde ders veren sözler işitmedin mi? Lionia'nın ve hattâ Hellas'nı, ilk atalarına ait ilâhî kahramanlıklarla dolu efsaneleri duymadın mı? Bugün olup bitenlerin hepsi, atalarımızın o muhteşem devirlerinde meydana gelen olayların, hazin bir yansımasıdır. Senin anlattıkların, Maja'nın oğlu hakkında söylenegelen ve gerçekten daha çok inanılmaya lâyık olan, o tatlı yalanla bile mukayese edilemez. Bu sevimli ve kuvvetli, fakat henüz doğmuş meme çocuğunu, bir sürü boşboğaz bakıcı kadınlar, tertemiz bir kundağın yumuşak tüyleri arasına sarıp, kıymetli ve süslü bağlarla sıkarak, pek saçma bir hayale kapılıyorlar. Zira, daha şimdiden şeytan, onun körpe, fakat çevik uzuvlarını çekiştirip, kuvvetli ve zarif bir halde meydana çıkararak, bunları sıkan o erguvani örtüyü, olduğu yerde bırakıveriyor. O şimdi, tıpkı kozasının sert etkisinden, kanatlarını açarak ustalıkla sıyrılan ve güneşin aydınlattığı hava zerrelerinin arasında cesaretle uçan, gelişmiş bir kelebeğe benziyor. O en ustaları olması ayrıcalığıyla, bütün hırsızları, dolandırıcıları ve çıkar peşinde koşanları sonsuza kadar koruma altına alacak bir şeytan olacağı gibi, en marifetli hünerleri göstermek suretiyle de, bu maharetini derhal faaliyete geçirecek. Denizlerin hâkiminden üç dişli yabayı çalarak, Ares'in kılıcını bile kurnazca kınından aşıracak, Phebus'un yayını ve okunu, Hephastos'un da maşasını alacak. Hattâ o, babaları Zeus'un elinden, yıldırımı bile alabilir ve ateş onu korkutmaz. Fakat Eros'u güreşte çelmeyle yenecek. Gyprie'yi de, her ne pahasına olursa olsun alıp kaçırarak, belindeki kemeri çalacak.

(Mağaranın içinden, insana hoş esintiler veren nağmeli bir saz sesi gelir. Hepsi kulak kabartarak, içten etkilenmiş gibi görünürler. Bundan itibaren, sessiz kalınacağı yere kadar, tam sesli bir müzik.)

Phorkyas

Şimdi bu boş sesleri dinleyiniz ve kendinizi harflerin etkisinden çabuk kurtarınız! İlâhlarımızın o eski sürüsünü bırakınız, onlar çoktan maziye karıştı. Artık sizin söylediklerinizi hiç kimse anlamıyor. Görüyorsunuz ki, biz daha yüksek bir verim istiyoruz: Zira kalplere etki edecek şeylerin, içten gelmesi lâzımdır.

(Kayalıklara doğru çekilip gider.)

Koro

Senin gibi korkunç bir mahlûk böyle dalkavukluk yapmaya başlayınca, biz de, yeni doğmuş bebek gibi ağlamak istiyoruz. Ruhlarımız aydınlandıktan sonra, varsın güneş ortadan kaybolsun. Bütün dünyanın reddettiği şeyleri, biz kalplerimizin içinde buluyoruz.

Euphorion

Çocuk şarkılarını işitince, siz de hemen bundan sevinç duyuyorsunuz. Benim böyle şiddetli bir şekilde sıçradığımı görünce de, kalpleriniz şefkatle çarpıyor.

Helena

Aşk, dünya mutluluğunu tattırmak için, asîl bir çifti

birbirine yaklaştırıyor, fakat ilâhî hassasiyetleri duyurmak için, bunları iki iken üç yapıyor.

Faust

İşte o zaman her şey yoluna girmiş oluyor. Ben seninim, sen de benimsin ve böylece birbirimize bağlanmış bulunuyoruz. Zaten bu başka türlü olamaz ki!

Koro

Şu nur topu gibi çocuğun tatlı varlığı, bu çifti uzun ve mutlu bir hayata kavuşturuyor. Ah, bu birlik beni ne kadar mütehassis ediyor!

Euphorion

Şimdi bırakın beni neşe içinde hoplayayım, bırakın beni sıçrayayım! Bütün hava tabakalarını aşarak yükselmek için, şiddetli bir arzu duyuyorum ve bu artık beni sımsıkı sarıyor.

Faust

Yalnız çok dikkatli olmalısınız! Ataklık etme ki, başına bir kaza gelmesin, kıymetli oğlumuz bizi mahvetmesin!

Euphorion

Yere daha fazla saplanıp kalmak istemiyorum. Ellerimi bırakın, saçlarımı tutmayın, elbisemin eteklerine sarılmayın! Bunlar hep benimdir.

Helena

Düşün bir kere! Kime ait olduğunu düşün! Benden,

senden ve ondan oluşan bu güzel birliği bozacak olursan, ne kadar üzüleceğiz!

Koro

Korkuyorum ki, bu birlik çabucak dağılıverecek!

Helena ve Faust

Eğer anneni ve babanı seviyorsan, bu son derece taşkın ve şiddetli arzularını kontrol altına al! Bu sâkin yerde kalarak, şu meydanı süsle.

Euphorion

Ben yalnız sizin hatırınız için kendimi tutuyorum.

(Koronun arasında dolaşıp, kızları dansa sürükleyerek.)

Bu şen mahlûkların etrafında kuş gibi uçuyorum. Şimdi bu şarkı ve bu hareketler iyi mi böyle?

Helena

Evet, çok güzel oluyor. Bu dilberleri böyle muhteşem bir şekilde dans ettir.

Faust

Bunlar bir bitse artık! Hokkabazlık benim hiç hoşuma gitmez.

(Euphorionr'la koro dans edip şarkı söyleyerek, bir dizi halinde kıvırla kıvrıla ve dönerek.)

Koro

Sen o güzel kollarını oynatarak, o parlak bukleli saçlarını sallayarak böyle hafifçe yere sürterek, vücudunu ve bütün uzuvlarını böyle âhenkle kımıldatarak, bir oraya, bir buraya gidip gelmekle, gayene erişmiş oluyorsun, sevimli çocuk. Hepimizin kalbi hep sana doğru yönlendi.

(Sessizlik)

Euphorion

Siz bu yeni oyunda, yakınlardan koşup gelen, bir sürü çevik ceylanlarsınız. Ben avcıyım, sizler de birer avsınız.

Koro

Bizi yakalamak istiyorsan, hiç kendini yorma, çünkü, bizim de nihayet sana sarılmaktan başka bir dileğimiz yok, güzel çocuk!

Euphorion

Haydi bakalım ormanlar! Kükürtlerin ve taşların arasına! Ben kolayca elde edilen şeylerden nefret ederim ve ancak zorla ele geçirilen şeyler bana gerçek zevki verir.

Helena ve Faust

Bu ne coşkunluk! Ne çılgınlık! Bundan hiçbir zarar beklenemez. Vâdileri ve ormanları inleten boru sesleri gibi bir şeyler işitiliyor. Bu ne taşkınlık! Bu ne bağrışmadır böyle!

Koro

(Tek tek olanlar çabucak araya girerek)

Bizim yanımızdan o artık geçip gitti. Bizi küçük görüp hepimizle alay ederek, bütün sürünün içinden, şimdi en ziyade vahşi olanı sürükleyip getiriyor.

Euphorion

(Bir genç kızı içeriye getirerek)

Ben bu güçlü kuvvetli küçük kızı, zorla arzularıma baş eğdirmek üzere, buraya sürüklüyorum. Kendi zevkim ve keyfim için onu kendime alıyorum.

Genç kız

Bırak beni! Bu vücutta da ruhlara has bir cesaret ve kuvvet var. Seninki gibi, bizim irademiz de öyle kolay kolay yok edilemez. Şimdi benim sıkışıp kaldığımı mı sanıyorsun? Sen kollarına pek güveniyorsun! Beni ne kadar sıkı tutarsan tut, yine ben seni bir oyuncak gibi fırlatıp atarım, koca çılgın...

(Birdenbire parlar ve alevleri yüksemiye başlar.)

Hafif hava tabakalarına ve dimdik uçurumlara doğru peşimden gel de, ortadan kaybolan avını yakala bakalım!

Euphorion

(Son alevleri silkip atarak)

Şu ormanların arasındaki sıkışık kayalar, bu dar yerler benim neme gerek. Ben genç ve körpe değil miyim ki! İşte rüzgârlar uğulduyor, dalgalar coşuyor. Bunların her ikisini de uzaktan işitiyorum ve onlara yakın olmak için can atıyorum.

(Kayalıkların gittikçe daha yükseklerine doğru sıçrar.)

Helena, Faust ve Koro

Sen dağ keçilerine mi benzemek istiyorsun? Düşeceksin diye ödümüz kopuyor.

Euphorion

Hep daha yükseklere çıkmak, daima daha uzakları görmek ihtiyacını duyuyorum. Şimdi ben nerede olduğumu biliyorum! Adanın ortasında, denizle karanın birleştikleri Pelops ülkesinde...

Koro

Bu dağlarda ve bu ormanlarda kalarak, barış içinde yaşamak istemez misin? O zaman biz tepelerin etrafında, sıra sıra asmalardan üzüm kopartırız, incir ve elma toplarız. Ah ne olur, bu güzel ülkede, sen de güzel güzel otur!

Euphorion

Siz barış hayali mi kuruyorsunuz? Bu gibi rüyaları herkes görebilir. Fakat bizim parolamız savaştır. Savaşın sonunda da zaferdir! Bu hep böyle devam edecek.

Koro

Barış içinde yaşarken tekrar savaş isteyen, güzel ümitler beslemek mutluluktan mahrumdur.

Euphorion

Bu ülke, ancak tehlikeden tehlikeye atılarak kanlarını akıtan özgür düşünceli ve son derece cesur olan evlâtlarına, kutlu inançları hiç zayıflamayan muhariplere, kazanç temin etmeli!

Koro

Yukarıya doğru bakınız bir kere, ne kadar yükseklere çıktı! Hem o bizim gözümüze hiç de küçük görünmüyor. Zaferler kazanmak için zırhlara bürünmüş gibi duruyor, bir tunç, bir çelik parçasına benziyor.

Euphorion

Hiçbir kale, hiçbir sur onlara engel olamaz. Her biri ancak kendi benliğini tanır. Her akıma karşılık verecek olan kuvvetli kaleler, bu yiğitlerin tunçtan göğüsleridir. Eğer istilâya uğramamak istiyorsanız, hemen hafifçe silâhlanarak, er meydanına koşunuz! Orada kadınlar birer Amazon, çocuklar birer kahraman olur.

Koro

Şiirin mukaddes timsali, gökyüzüne doğru yüksel! Eşsiz yıldız, uzaklarda, evet hep böyle uzaklarda parla! O bize yine daima erişir, yine herkes onun sesini işitir ve bundan zevk duyar.

Euphorion

Ben dünyaya bir çocuk olarak gelmedim. Karşınıza silâhlı bir delikanlı çıkıyor. Kuvvetli, hür ve yiğit insanların arasına karışarak, o şimdiden tekâmül etmiş bulunuyor. Haydi bakalım ileri! Şöhrete doğru giden yol, oradan açılıyor.

Helena ve Faust

Henüz hayata çağrılıp da günün sevimli ışığına kavuşur kavuşmaz, baş döndürücü yüksekliklere çıkarak oradan tehlikelerle dolu boşluğa dalmak için, can atıyorsun. Biz senin için hiçbir şey değil miyiz ki? Yoksa bu tatlı birlik bir rüyadan mı ibaret?

Euphorion

Denizin üstünde nasıl gök gürlediğini işitiyor musun? Öte tarafta da vâdiler gürültüden inliyor. Tozu dumana katan ve dalgaları yaran ordular, durmadan birbirlerine saldırarak azap ve ıstırap yaratıyorlar. Ölüm mukadderdir. Bunu artık bir kere böyle bilmeli.

Helena, Faust ve Koro

Bu, körü körüne tehlikeye atılmak, şiddetli ve kötü bir sona sürüklemek demektir!

Euphorion

Evet öyle!... İşte kanatlarım da artık açılıyor! Ben oraya gitmeliyim! Mutlaka gitmeliyim! İzin verin de uçayım!

(Boşluğa doğru atılır, kabaran etekleri onu bir an havada tutar, başı birdenbire aydınlanır, ışıktan bir kuyruk da peşi sıra uzanır.)

Koro

İkorus! İkorus! Ah ne felâket!

(Güzel bir delikanlı anneyle-babanın ayakları önüne düşer. Bu ölü herkese tanıdık bir sima gibi görünür. Fakat vücudu hemen ortadan kaybolarak, başının etrafındaki ışık halkası bir kuyruklu yıldız şeklinde gökyüzüne doğru yükselir. Elbisesi, mantosu ve çalgısı yerde kalır.)

Helena ve Faust

Sevincimizin hemen ardından müthiş bir azap bizi takip ediyor.

Euphorion

(Derinden)

Beni bu karanlık ülkede, sakın yalnız bırakma, anneciğim!

(Sessizlik)

Koro

(Mersiye)

Nerede olursan ol, yine sen yalnız kalmazsın! Çünkü biz senin kim olduğunu biliyoruz. Ah! Sen bu dünyadan uzaklaşıyorsun ama kalplerimiz senden ayrılmıyor. İşte onun için biz hemen hemen hiç üzülmüyoruz ve senin talihini kıskanarak şarkı söylüyoruz. Neşeli günlerinde olduğu gibi, üzüntülü zamanlarında da, senin şarkıların güzel ve cesaretin büyüktü. Heyhat! Yüce atalara ve eşsiz bir kuvvete sahip olarak, yeryüzünde mutluluğu yakalamak üzere dünyaya geldiğin halde, ne yazık ki, sen kendi kendini pek erken yok ettin, gençliğinin çiçeğini kopardın! Sen dünyayı kuşatan keskin bir görüş, herkesin kalbindeki arzuları sezen ince bir ruh, en mükemmel kadınlarla kızgın bir aşk uyandıran bir cazibe ve bir de kendine mahsus pek özel bir şarkı söyleme kabiliyetin vardı. Bununla birlikte sen, önüne geçilemez bir serbestlikle kaderin o kararsız ağının içine atılarak, bu suretle örf ve âdetten ve kanunlardan kendini zorla ayırdın. Fakat işin sonunda en yüksek bir duygu, o tertemiz cesaretini ağır bastırdı, muazzam şeyler elde etmek istedin, fakat başarılı olamadın. Kim bunda başarılı olabilir ki?.. Böyle en şiddetli bir günde bütün millet kan ağlarken, talihinin sırlı bir kisveye büründüğünü gösteren bu soru, en kadar acıklı! Lâkin siz daha fazla iki büklüm durmayarak, yeni şarkılar söylemek suretiyle, gönlünüzü ferahlandırınız. Zira bu toprak böylelerini yine yetiştirir.

(Tam bir sessizlik olur ve müzik susar.)

Helana

(Faust'a dönerek)

Eski bir söz maalesef benim için de gerçek oluyor: Mutlulukla güzellik, devamlı olarak bir arada bulunmazlar. Hem hayatımın, hem de aşkımın bağı koptu. Bunların her ikisi için de yüreğim sızlayarak, seninle pek acıklı bir şekilde vedalaşmak üzere, bir kere daha kollarının arasına atılıyorum. Perpeshoncia, çocuğu da yanına al, beni de!

(Faust'a sarılır. Vücudu ortadan kaybolarak, elbisesi ve örtüsü onun kolları arasında kalır.)

Phorkyas u

Bütün bunlardan sana kalanı sıkı tut. Bu elbiseyi sakın elinden bırakma. Daha şimdiden şeytanlar eteklerinden çekiştiriyor ve onu yerin dibine sürüklemek istiyorlar. Aman sıkı tut! O artık senin kaybettiğin ilâhe olmamakla beraber, yine ilâhidir. Bu paha biçilmez nimetten istifa ederek, gökyüzüne doğru yüksel: O seni çabucak bütün âdi şeylerin üstüne çıkararak, dayanabildiğin sürece, fezada taşır. Biz uzaklarda, buradan pek uzak bir yerde, tekrar birbirimizi göreceğiz.

(Helena'nın elbisesi bulut halinde dağılır. Faust'un etrafını sarar, onu yerden kaldırır ve onunla birlikte gözden kaybolur.)

Phorkyas

(Euphorion'un elbisesini, mantosunu ve çalgısını yerden alır, sahnenin ön tarafına geçer, elindekileri havaya doğru kaldırır ve konuşmaya başlar)

İşte yine mükemmel bir şey buldum! Ve o alev ortadan kayboldu, fakat ben buna hiç de üzülmüyorum. Burada şairleri coşturmaya, esnafın ve sanatkârların kıskançlıklarını tahrik etmeye yetecek kadar malzeme kalıyor. Ben onlarla baş edemezsem bile, hiç olmazsa şu elbiseyi ödünç olarak veririm.

(Sahnenin ön kısmında bir sütunun dibine oturur.)

Pan.halis

Haydi çabuk olun, kızlar! Artık o büyünün tesirinden, o Tesalyalı cadının korkunç ruhsal tahrikinden, aynı zamanda da, insanın kulağını tahriş ve hele zihnini büsbütün yoldan çıkaran, o karmakarışık sesli cıvıltıların sersemliğinden kurtulduk. Şimdi yerin dibine gidelim! Zira kraliçe oraya olgun adımlarla koştu. Sadık hizmetkârları da hemen peşinden gitmelidirler. Onu orada bulacağız.

Koro

Kraliçenin, pek doğal olarak, her yerde keyifleri yerindedir. Öbür dünyada bile onlar baş köşeye kurularak, emsallerine karşı gösteriş yaparlar, Presephone'larla da son derece samimi olurlar. Lâkin en geride ve daha aşağıda, Asphodelos çayırlarında, boylu boyunca uzanan kavaklarla hiçbir meyve vermeyen söğütlerin arasında kalmaya mahkûm olan bizler, yarasalar gibi neşe kaçırıcı korkunç sesler çıkartarak ötmekten başka neyle vakit geçirebiliriz ki?

Panthalis

Hiçbir ün kazanmamış olan ve asalet peşinde koşmayan bir kimse, tabiatın unsurlarına mensup demektir. Onun için siz de oraya koşunuz! Kraliçemle birlikte bulunmayı, hararetle arzu ediyorum. Onun varlığı bize yalnız makam değil, aynı zamanda bağlılık da aşılıyor.

Hepsi

Bizi tekrar gün ışığına kavuştur. Gerçi artık birer şahsiyetimiz yok, bunu hissediyor ve biliyoruz fakat bir daha öbür dünyaya dönmeyiz. Sonsuza kadar canlı olan tabiatın bizim üzerimizde, bizim de onun üzerinde, son derece haklarımız var.

Koronun bir kısmı

Biz, şu binlerce dalın fısıltılı titreyişleri ve hışırtılı sallanışları arasında cilveşelerek, hayat kaynaklarını köklerden saklara doğru cezbedip, sessizce yukarıya çekeriz, ve havada neşvünema bulmak üzere serbestçe dalgalanan saçlarımızı, hemen çiçeklerle bol bol süsleriz. Meyvalar dökülünce, derhal neşeli inkanlar.la haşvan sürüleri, bunlarıkapışıp yemek için koşup gelerek, telâşlı bir kalabalık halinde toplanırlar, ve en büyük ilâhların önnüde olduğu gibi, hepsi etrafımızı sararak, kaşımızda eğilirler.

Diğer bir kısmı

Biz şu kayalıkların, parlaklığı da uzaklara kadar akseden dümdüz aynasına, tatlı dalgalar halinde yayılarak yapışırız. Her sese kulak kabartır, kuşların şarkıların, çobanların da kavallarını dinleriz. Pan'ın o korkunç sesi bile olsa cevabımız hemen hazır. Cıvıltıları duyduğumuz zaman bunlara biz de cıvıldamayla karşılık veririz. Gök gürlediği zaman da arkasından bizim gümbürtümüz ondan iki kat, üç kat, on kat fazla ortalığı sarsar.

Üçüncü kısmı

Kardeşlerim! Biz daha canlı duygularla, derelerle birlikte koşup gideriz. Zira uzaklardaki tepeciklerin o pek süslü şekilleri, bizi kendine çeker. Daima aşağıya, hep daha engin yerlere doğru Mannder gibi yuvarlanarak, önce çayırları, sonra köy meralarını, çok geçmeden de evlerin etrafındaki bahçeleri sularız. Oralarda, tepeleri arazinin, sahil hattının ve dalga parıltılarının üstünden havaya doğru yükselen narin serviler, bu seyrimizi belli eder.

Dördüncü kısmı

Siz nereye isterseniz oraya yuvarlanınız. Biz asma çubuklarının filizlendiği o baştan başa ekinlere kaplı tepecikleri kuşatarak, bunların etrafında cıvıldarız. Orada bağcı her gün sabahtan akşama kadar alınteri dökerken, bize bu içten gelen gayretin başarısı şüpheli görünür. O kâh çapayla, kâh belle toprakları kazıp kümelerken, asmaları budarken, sarıp bağlarken, bütün ilâhlara ve en fazla güneş ilâhına dua eder. Kadın ruhlu Bacehus'un, bu sadık hizmetkâr umurunda bile değildir. O, hayvanların en gencilyle şakalaşarak, çardaklarda dinlenir, mağaralarda yatar. Yarı sarhoş bir halde rüyalar görebilmesi için ona lâzım olan şey, her zaman tulumlar, küpler ve fıçılar içinde, sağındaki ve solundaki serin çukurlarda, sonsuza kadar saklı kalır. Fakat bütün ilâhlar ve hepsinden önce Helios, hava, rutubet ve sıcaklık hediye ederek kızarttıkları meyve tanelerini, bol bol ortaya yığdıkları vakit, bağcının sessiz sessiz çalıştığı yerler birden bire canlanır, her çardakta bir cıvıltı ve bütün asmaların etrafında bir hışırtı duyuluyor. Sepetler gıcırdar, kovalar şakırdar, küfler inilder ve hepsi, şarapçının içinde bütün kuvvetiyle tepindiği muazzam fıçıya doğru akın ederler. Bu suretle o tertemiz usareli tanelerin mübarek yığını, saygısızca çiğnenir, köpürüp fışkırarak karışır ve iğrenç bir şekilde ezilir. Ondan sonra da tasların madenî sesleri kulaklarda çınlar. Zira artık Dionysos esrar perdesinden sıyrılmıştır. Keçi ayaklılarla ve sallana sallana yürüyen keçi ayaklı kadınlarla birlikte meydana çıkar. Bu arada Silenus'un uzun kulaklı hayvanı da, o son derece keskin sesiyle haykırıp durur. Hiçbir şey esirgenmez! Ortadan yarık ayaklar, ahlâk namına ne varsa hepsini çiğner, bütün hisler uyuşur, kulaklar da artık hiç işitmez olur. Sarhoşlar elleriyle kadehlerini araştırırlar, kafalar ve karınlar tıkabasa dolar. Bazısı ihtiyatlı davranır fakat yine gürültüyü çoğaltmaktan başka bir şeye yapmaz. Zira şarabın yenisi gövdelere indirilmek üzere, köhne tulumlar hemen boşaltılır!

(Perde iner. Phorkyas sahnenin ön kısmında dev gibi doğrulur fakat yüksek tabanlı kunduralarını çıkartarak, bu parçanın sonunu gerektirdiği kadar izah etmek üzere, maskesini ve örtüsünü arkaya doğru ittip, Mephistopheles olarak meydana çıkar.)

DÖRDÜNCÜ PERDE

Yüksek bir dağ

(Dimdik ve sivri uçlu kayalardan oluşan bir tepe. Bir bulut yaklaşarak gelip bu tepeye dayanır, çıkıntı gibi duran bir düzlüğün üstüne çöker ve parçalanır.)

Faust

(İlerler)

Beni üstünde taşıyarak, aydınlıklar içinde karların ve denizlerin üzerinden rahatça geçiren bulutumdan ayrılırken, uyaklarımın altındaki en derin ıssızlıkları seyrederek, bu tepenin kenarına büyük bir ihtiyatla ayak basıyorum. Bu bulut hiç de dağılmadan, benden yavaş yavaş uzaklaşıyor. Tostoparlak bir küme halinde doğuya doğru gidiyor, benim gözlerim de onu, şaşkın bir hayranlık içinde takip ediyor. O dalgalanarak ve değişe değişe giderken, birçok parçalara ayrılıyor. Fakat yine bir şekil alır gibi oluyor. Evet, gözlerim beni aldatmıyor! Güneşten pırıl pırıl parlayan yastıklar üzerine şahane bir surette uzanmış, dev büyüklüğünde, ilâhi bir kadın hayali görüyorum! Bu Juno'ya, Lheda'ya, Helena'ya benziyor ve ne kadar muhteşem, ne hoş bir şekilde gözümde canlanıyor. Hemen de kayboluveriyor! Artık doğuda şekilsiz ve geniş bir yığın halinde uzak buz dağları gibi duruyor ve geçmiş günlerine o büyük ülküsünü, göz kamaştırıcı bir şekilde aksettiriyor. Lâkin yumuşak, aydınlık ve şerit gibi ince uzun bir bulut etrafında dolaşır, işime bir ferahlık, bir serinlik veriyor ve beni âdeta okşuyor. Şimdi de hafif ve çekinerek yukarıya, gittikçe daha yukarılara doğru çıkarak, hep bir araya toplanıyor... Yoksa, gençliğimin ilk ve çoktan beri mahrum kaldığım en yüksek varlığı olarak, beni kendine bağlayan tasvir hayalimde canlanıyor. Kalbimin en derin yerine ilk önce gömülen servetler, bir pınar gibi fışkırıyor. Hafif bir heyecan bana o fecrin aşkını, o çabucak hissedilen, pek az anlaşılan ve zaptedilebildiği takdirde her servetten daha fazla parlayacağı muhakkak olan, ilk bakışı hatırlıyor. Bu tatlı hayal ruh güzelliği gibi gözümün önünde büyüyor ve hiç dağılmadan esir tabakasına doğru yükselerek, gönlümün en iyi parçasını da beraber götürüyor.

(Yedi millik bir çizme yerde basar. Bir diğeri hemen bunu takip eder. Mephistopheles bunların içinden çıkar. Çizmeler de süratle uzaklaşır.)

Mephistopheles

İşte ben buna adamakıllı ilerlemek derim! Fakat şimdi söyle bakalım, sana ne oluyor? Ne diye böyle korkunç bir yere, bu dehşet saçan kayalıkların ortasına iniyorsun? Ben bunları çok iyi tanırım, fakat buradan değil. Çünkü bunlar aslında cehennemin dibiydi.

Faust

Saçma sapan masalların hiç eksik olmaz senin. Şimdiye yine bunlardan birini anlatmaya başlıyorsun.

Mephistopheles

Allah, (niçin olduğunu pekâlâ biliyorum) bizi havadan alıp da, orta yerinden kor halinde, dört bir etrafından da alevler saçarak, sonsuz ateşler yanına derinliklerin ta dibine sürdüğü zaman, muhteşem bir ışık karşısında çok sıkışık ve zor bir vaziyette kaldık. Bütün şeytanlar öksürmeye, hem yukarıdan, hem de aşağıdan solumaya başladılar. Cehennemin içi kükürt kokusuyla doldu ve bundan müthiş bir gaz meydana geldi. Sonra bu öyle muhteşem bir kuvvet haline geldi ki, çok geçmeden dünyanın kabuğu bile, bütün kalınlığına rağmen, çatırdayarak yırtıldı. O zaman biz kendimizi başka bir uçta bulduk. Eskiden dipte bulunan yerler, şimdi birer tepe oldu. Bunun üzerine en alttakini en üste geçirmek gibi, doğru bir kuralın da esasını kurdular. Çünkü biz, boğucu ve sıcak bir çukurdaki esaretten kurtularak, en yüksek bir hâkimiyetin serbest havasına kavuştuk. Çok iyi saklanan, fakat herkes için açık olan bu sırrı insanlar pek geç öğrenirler.

Faust

Dağ kitleleri benim karşımda ciddi sessizliklerini korurlar. Ben onların nereden ve niçin geldiklerini sormam. Tabiat kendi kendine oluştuğu zaman, dünyayı pürüzsüzce topraklaştırdı. tepelerle uçurumları vücuda getirmekten zevk duydu, kayalıkları ve dağları yan yana sıraladı, ondan sonra da sırtları güzelce aşağıya doğru uzatarak, bunları tatlı eğimlerle vâdilere bağladı. Oralarda her yer yeşillenerek türlü türlü bitkiler çıkarken, o zevkini tatmin için delice bağırtılara lüzum görmez.

Mephistopheles

Siz böyle söylüyorsunuz! Bu size gün gibi aşikâr görünüyor. Halbuki o zaman bizzat hazır bulanan, bunu başka türlü biliyor. O girdap henüz kaynayarak kabardığı ve fışkırarak alevler saçtığı, Moloch'un varyozu da kayaları birbirine ekleyerek, dağ parçalarını uzaklara fırlattığı zaman ben oradaydım. Yeryüzü hâlâ böyle yabancı ve zengin parçalarla kaplı bulunuyor. Bu kuvveti kim izah edebiliyor? Bir filozof bile bunu bir türlü kavrayamıyor, kayalar şurada duruyor ve bunları kendi hallerine bırakmaktan başka çare kalmıyor. İşte bunu düşündükçe kendi kendimizden utanıyoruz. Yalnız sâf kalpli sıradan insanlar işin gerçeğini anlıyor ve bildiklerinden şaşmıyorlar. Onlar için bu bilgi çoktan olgunlaşmıştır: Bu bir hârikadır ve şeytan bununla tekrar itibar kazanıyor. Benim seyyahlarım, iman değneklerine dayanarak, topallayarak hep "Şeytan Taşı"na, "Şeytan Köprüsü"ne doğru gidiyorlar.

Faust

Herhalde şeytanların tabiatı nasıl yorumladıkları anlamak ve görmek de dikkate değer bir şey.

Mephistopheles

Bu benim neyime gerek! Tabiat nasıl isterse öyle olsun! Bu sadece bir şeref meselesi!.. Şeytanın da bu işte parmağı vardı. Biz büyük işler başaran adamlarız. Karışıklık, şiddet ve mânasızlık! İşte işaretleri de meydanda!.. Fakat artık tamamen anlaşabilecek bir tarzda konuşmayayım: Bizim şu üst katta, hiçbir şey hoşuma gitmedi mi? Dünyanın bütün zenginliklerini ve ihtişamını, ölçüsüz bir genişlikte, kuşbakışı seyrettin. Bir türlü doymak bilmediğine göre, acaba hiçbir arzu duymadın mı?

Faust

Hay hay! Muazzam bir şey beni kendine çekti. Ne olduğunu bil bakalım!

Mephistopheles

Bu hemen oldu bile. Ben kedime şöyle bir payitaht seçerdim. Tam göbeğinde halkın gıda pislikleri, eğri büğrü ve daracık sokaklar, sivri çatılar. Ufacık pazarında lahanalar, şalgamlar, soğanlar, üzerlerine, yağlı pirzolaları doya doya yemek için, kara sinekler üşüşmüş et tezgâhları. Burada her zaman muhakkak pis bir koku ve büyük bir faaliyet bulursun. Ondan sonra, güya ihtişam hissini veren koca meydanlarla geniş caddeler. Nihayet, surlarla çevrili olmayan yerlerde de, alabildiğine uzayıp giden varoşlar. İşte burada gidip gelen arabaların gürültüsünden ve bu dağılmış karınca yuvasının sonsuz kaynaşmasından, ben zevk duyardım. Arabaya bindiğim veya atla gezdiğim zamanlar, daima bunların merkezini teşkil ederek, yüz binlerce kişi tarafından hürmetle alkışlanırdım.

Faust

Bu beni tatmin edemez. Halkın çoğaldığını, kendi haline göre refah içinde yaşadığını, hattâ geliştiğini görmek insanın hoşuna gidiyor... Fakat bu suretle ancak birtakım âsiler yetiştirilmiş oluyor...

Mephistopheles

Ondan sonra kendime güvenerek, eğlenceli bir yerde, keyfim için muazzam bir saray yaptırırdım. Ormanları, tepeleri, ovaları, çayırları ve kırları muhteşem bir parka çevirdim. Kadife gibi çimen kaplı yeşil duvarların yanında, dümdüz yollar, sanatkârane gölgelikler, kayalar arasından çifter çifter akan şelâleler, türlü türlü fıskiyeler bulunurdu. Bunlar orada heybetle yükselirken, etrafa binlerce küçücük zerreler saçılırdı. Bundan başka en güzel kadınlar için de şirin ve rahat köşkler inşa ettirir ve burada en hoş arkadaşlarla birlikte inzivaya çekilerek, sonsuz günler geçirirdim. Kadınlar, diyorum. Çünkü ben güzelleri oldum bittim hep bir arada hayal ettim.

Faust

Kötü ve modern Sardanapal!

Mephistopheles

Seninle ne özlediğin anlaşılabilir mi? Bu herhalde yüksek ve cüretli bir şeydi. Uçarken ayın o kadar yakınlarında dolaştığıma göre, yoksa ihtirasın seni oraya doğru mu sürüklerdi?

Faust

Ne münasebet! Büyük işler için henüz bu dünyada yer çok. Herkesi hayrete düşürecek şeyler başarmak lâzım. Kendimde cüretli bir faaliyete girişmek için kuvvet buluyorum.

Mephistopheles

O halde şöhret mi kazanmak istiyorsun? Bu belli bir

şey, sen kadın kahramanların yanından geliyorsun.

Faust

Ben hâkimiyet elde etmek, mülk sahibi olmak isti-yorum! Şöhret bir hiç, eylem ise her şeydir.

Mephistopheles

Herhalde senin ihtişamını gelecek nesillere bildire-rek, çılgınlıkla fitilleyecek şairler bulunur.

Faust

Bütün bunlardan sen hiçbir şey anlamazsın. İnsanın neler isteyebileceğini, sen ne bilirsin? Senin o iğrenç soğuk ve haşin varlığın, insanın ne gibi şeylere ihtiya-cı olduğunu, nasıl bilebilir?

Mephistopheles

Haydi bakalım, senin istediğin olsun! Şimdi bana mahrem olarak bütün düşlerini anlat.

Faust

Gözüm engin denize dalmıştı. O kendi kendine kü-melenmek için şiddetle bakıyor, sonra kendisini bırakı-yor ve dümdüz sahile bütün genişliğince saldırmak üzere, dalgalarını salıveriyordu. İşte bu benim canımı sıktı. Bu tıpkı taşkınlığın, ihtirasın galeyana gelen ka-nıyla, bütün haklara uyan hür fikirli bir insanda, hoş-nutsuzluk hissi uyandırması gibiydi. Ben bunu bir tesa-düf sanarak, bakışımı keskinleştirdi. Dalgalar duruyor ve sonra geriye doğru yuvarlanarak, gururla eriştikleri hedeften, tekrar uzaklaşıyordu. Vakti gelince, bu oyunu tekrarlayacaklar.

Mephistopheles

(Seyircilere)

Burada benim öğrenebileceğim yeni bir şey yok. Ben bunu yüz bin seneden beri biliyorum.

Faust

(Heyecanla devam ederek)

Kendisi bizzat sermayesiz olan deniz, her yere bunu saçmak üzere, yüz binlerce uca sinsi sinsi sokuluyor. Derken kabarıyor, taşıyor, yuvarlanıyor ve ıssız sahanın o iğrenç alanını, baştanbaşa kaplıyor. O zaman birbirini kovalayan dalgalar, orada birer kudret örneği gibi hükümran oluyor. Fakat geri çekildiği zaman ortada hiçbir faydalı eser bırakmaması, beni endişeli bir ümitsizliğe düşürebilecek bir şey! Zaptedilemez unsurlarını işe yaramayan kuvveti! İşte bunu görünce, benim zekâm kendi yeteneğimin üstüne çıkmayı göze alıyor. Ben bununla savaşmak, bunu yenmek istiyorum ve bu mümkündür!.. O ne kadar taşkın olsa, yine her tepenin önünde kırılıp döner, isterse bir bu kadar daha coşsun, küçücük bir tümsek, onu büyük bir kudretle içine çeker. Bunun üzerine ben, çabucak zihnimde plân üstüne plân kurarak, (şu azametli denizi kıyılarından uzaklaştırıp, o sulak sahanın sınırlarını daraltmanın, ve onu ta uzaklara kadar kendi içine doğru iterek sıkıştırmanın, eşsiz zevkini tat) diye düşündüm. Bunları adam adıma hesaplamayı başardım. İşte benim arzum budur, sen asıl bunu başarmaya bak.

(Seyircilerin arkasından, uzaktan ve sağ taraftan

doğru gelen trampet sesleri ve savaş havaları.)

Mephistopheles

Bu ne kadar kolay bir şey! Uzaktan gelen trampet seslerini işitiyor musun?

Faust

İşte yine harb! Aklı başında olan bu seslerden hoşlanmaz.

Mephistopheles

Savaş veya barış! Asıl marifet kendi nefsine bir fayda vermeye çalışmaktır. Hiçbir uygun anı kaçırmamak için herkes gözünü dört açıyor. Şimdi işte sana fırsat, haydi bakalım Faust, yakala şunu!

Faust

Böyle gizemli saçma sapan sözlerle beni uğraştırma! Netice itibariyle ne demek istiyorsun? Açık söyle...

Mephistopheles

Seyahatim sırasında, zavallı imparatorun pek büyük sıkıntılar içinde kıvrandığı benim gözümden kaçmadı. Onu sen de tanırsın. Kendisini eğlendirdiğimiz ve sahte servetleri avuçlarına dökerek oyaladığımız zaman âdeta bütün dünya onun olmuştu. Çünkü o genç yaşta tahta çıkmış ve o zaman, "Hem hüküm sürmek, hem de aynı zamanda zevk ve eğlenceye dalmak pekâlâ mümkündür" diye yanlış bir fikre saplanarak, bunu pek arzu edilmeye değer, güzel bir şey sanmıştı.

Faust

Büyük bir hata. Hükmedecek olan bir kimse, ancak hükümranlıktan mutlu olmalıdır. Göğsü yüksek bir iradeyle dolu olmalı, fakat onun ne istediğini, hiç kimse keşfedememelidir. O zaman, en sadık dostlarının kulağına fısıldadığı şeyler hemen yapılıverir ve bütün dünya hayret içinde kalır. Böylece o en yüksek bir mertebeye ve en yüksek bir itibara kavuşmuş olur. Halbuki zevk ve sefa, insanı alçaltır.

Mephistopheles

O böyle değil. Bizzat kendisi zevk ve sefaya daldı, hem de nasıl! O sırada memleket anarşi içinde kaldı. Büyük küçük, herkes sağa sola saldırıyor, kardeşler birbirlerini kovuyor, öldürüyor, kaleler kalelere, şehirler şehirlere, avam tabakası da asilzadelere karşı diş biliyor, piskoposlar ruhanî meclislerle gırtlak gırtlağa geliyor ve birbirinin sadece yüzüne bakanlar, hem düşman oluyorlardı. Kiliselerde cinayetler işleniyor, şehir kapılarının önünde de, her tacir ve seyyah kayboluyordu. Herkesin cesareti bir hayli artmıştı, çünkü yaşayabilmek için, nefsini müdafaa etmek gerekir. İşte, işler böyle gidiyordu.

Faust

Gidiyordu, topallıyordu, düşüyordu, tekrar ayağa kalkıyordu, ondan sonra da taklak atarak, bir külçe gibi yığılıp kalıyordu.

Mephistopheles

Böyle bir halden şikâyete, hiç kimsenin hakkı yoktu,

çünkü herkes benlik iddiasında bulunabiliyor ve önemli bir şahsiyet olmak istiyordu. En küçükleri bile, her istediğini yapmaya kalkışıyordu. Fakat en iyileri, nihayet bunun çok büyük bir çılgınlık olduğunu gördüler.

Faust

Bu pek papazca bir söz.

Mephistopheles

Zaten bunu söyleyenler de papazlardı. Böylece o semiz göbeklerini emniyet altına aldılar. Onlar bu işle herkesten çok ilgili idiler. Bu isyan büyüktü, takdis edildi ve bizim sevindirdiğimiz imparator, belki de son savaşını yapmak üzere, şimdi buraya doğru çekiliyor.

Faust

Ona acıyorum. Öyle iyi ve samimiydi ki...

Mephistopheles

Gel, seyredelim! Yaşayan, daima ümit etmelidir. Onu şu dar vâdiden kurtaralım! O bir kere kurtulursa, bu bin kereye bedel olur. Zarların henüz ne şekilde düşeceğini, kim bilir? Talihi iyi giderse, o zaman itaat edenleri de çoğalır.

(Dağın ortasında yukarıya doğru çakarak, ordunun vadideki düzenini seyrederek. Trampet sesleri ve savaş havaları, aşağıya kadar gelir.)

Mephistopheles

İyi vaziyet almış olduklarını görüyorum. Biz de onlara katılınca, zafer tam olur.

Faust

Burada ne beklenebilir? Aldatma! Sihirle göz boyama! Boş hayal.

Mephistopheles

Savaş kazanmak için hile! Sen amacını düşünerek, kendini yüksek mâneviyatla kuvvetlendirmeye bak. İmparatorun tahtını ve ülkesini korursak, o zaman sen diz çökerek, uçsuz bucaksız sahille malikânelere kavuşursun.

Faust

Şimdiye kadar birçok şey başardın, şimdi de bir savaş kazan bakalım!

Mephistopheles

Hayır, onu sen kazanacaksın! Bu sefer başkomutan sensin.

Faust

Hiç anlamadığım bir işte komutanlık, benim için ne uygun bir rütbe olurdu doğrusu!

Mephistopheles

Sen bunu kurmay heyetine bırak, o zaman mareşal gizlenmiş olur. Ben savaş belâsını çoktan sezerek, en eski dağın en sıradan ve güçlü kuvvetli insanlarından, hemen bir savaş şûrası toplamıştım. Onları bir araya toplayana, ne mutlu...

Faust

Orada ne görüyorum, bu silâhlılar nedir? Yoksa sen dağlıları mı ayaklandırdın?

Mephistopheles

Hayır! Fakat tıpkı Bay Peter Squenz gibi, bütün çapulcuların özünü...

(Üç kabadayı, görünürler.)

Mephistopheles

İşte benim delikanlılarım geliyorlar! Görüyorsun ki, bunlar yaş olarak birbirlerinden çok farklı oldukları gibi, elbiseleri ve silâhları itibariyle de aralarında farklar var. Senin bunlarla yoldaşlığın hiç fena olmayacak.

(Seyirciler)

Zırhlı elbiseyle şövalye yakalığını, şimdi her çocuk seviyor. Hem bu serseriler dalgacı oldukları için, daha çok hoşa gidecekler.

Raufebold

(Genç, hafif silâhlı, rengârenk elbiseli.)

Eğer biri bana yan bakacak olursa, hemen yumruğumu onun çenesine yapıştırırım ve korkağın biri kaçacak olursa onu da ensesinden yakalarım.

Habebald

(Olgun, mükemmel silâhlı, zengin kılıklı.)

Böyle boş kavgalar, maskaralıktan başka bir şey değildir. Bunlarla insan gününü israf eder. Sen bütün gayretinle yalnız almaya bak ve üst tarafını sonra düşün.

Haltefest

(Yaşlı, ağır silâhlı, elbisesiz.)

Bununla da çok bir şey kazanılmış olmaz. En büyük serveti bile çabucak erir ve hayatın sellerine karışarak, akıp gider. Gerçi almak pek iyi bir şeydir, fakat korumak, ondan çok daha iyidir. Sen bırak da yalnız şu kır saçlı babacan idareyi eline alsın, o zaman senden kimse bir şey alamaz.

(Hepsi birden aşağıya doğru inerler.)

Dağın ön kısmında

Aşağıda trampet sesleri ve savaş havaları imparatorun çadırı kurulmaktadır.)

Başgeneral

Bütün orduyu geri çekerek, daha elverişli olan bu vâdiye sıkıştırmamız, herhalde çok isabetli tedbir oldu gibi geliyor bana. Bu sayede başarılı olacağımızı ümit ediyorum.

İmparator

Artık işin neye varacağını, bizzat göreceğiz. Fakat bu yarı bozgun şeklindeki geri çekilme, beni çok üzüyor.

Başgeneral

Bak prensim, bizim şu sağ yanımıza bak! Böyle bir sahayı, savaşmak isteyenler, arayıp da bulamazlar. Tepeler dik olamamakla beraber, pek öyle kolayca aşılacak gibi değil, bizimkiler için istifadeli, düşman için de tehlikeli. Biz bu dalgalı arazide yarı gizlenmiş bir vaziyette bulunacağımızdan, süvariler yaklaşmaya cesaret edemeyecekler.

İmparator

Benim için artık övünmekten başka yapacak bir iş kalmıyor. Burada kol ve göğüs denemesi yapılabilir.

Başgeneral

Şurada, orta yerdeki çimenlerle kapalı düz sahada, dövüşmek için sabırsızlanan piyade kıtasını görüyorsun. Sabah sisinin ince tülleri arasından sızan güneş şuaları altında mızraklar pırıl pırıl parlıyor. Bu heybetli kütle, nasıl bir kara bulut gibi dalgalanıyor! Büyük işler başarmak için, burada binlerce kalp yanıp tutuşuyor. Sen bu kümenin kudretin bundan anlayabilirsin. Düşman kuvvetlerin dağıtmak için, ben ona güveniyorum.

İmparator

Bu güzel manzarayı, ben ilk defa görüyorum. Böyle bir ordu, iki misline bedeldir.

Başgeneral

Sol yanımız hakkında söyleyecek hiçbir sözüm yok, o sarp kayalığı yiğit kahramanlar tutuyor. Şimdi her tarafından silâh pırıltıları akseden o muazzam taşlar, dar boğazın en mühim geçidini muhafaza ediyor. Burada meydana gelecek kanlı çarpışmada, düşman kuvvetlerinin hiç ummadıkları bir hezimete uğrayacakları, şimdiden içime doğuyor.

İmparator

Bana amca, yeğen, kardeş diyen, her zaman ve gittikçe daha fazla cüretkârlık eden, hükümdarlık asâsının kudretini ve tahtın haysiyetini kıran, sonra aralarında bozuşarak memleketi yakıp yıkan, şimdi de birleşerek bana karşı ayaklanan o sahte hısımlarım, işte bu tarafa doğru gidiyorlar. Halk kütlesi kararsızlık içinde bocalıyor, ondan sonra da, akıntı onu nereye sürüklerse, oraya doğru yuvarlanıyor.

Başgeneral

Haber almak için gönderilen sadık adamlarımızdan biri, kayalardan aşağıya süratle iniyor. Allah vere de başarmış olsa!

Birinci fedai

Bütün hünerimizi kullanarak, kurnazlıkla ve cesaretle, oraya buraya sokulmayı başardık. Fakat pek az hayırlı haberler getiriyoruz. Bir çokları ve bazı sadık kimseler, sana tamamen bağlı olduklarına dair yemin ediyorlar. Ancak harekete geçememelerinin özrü, dahili kargaşa ve millî tehlikedir.

İmparator

Minnettarlık ve sevgi, görev ve şeref değil, ancak hep kendi nefsini korumak düşüncesi, düşüncesizliğin düsturu olarak kalıyor. Düşünüyor musunuz ki, hesabınız tamam olunca komşunun evinde çıkan yangın, sizi de mahvedecek?

Başgeneral

İkincisi de geliyor, ancak bu yavaş yavaş aşağıya

iniyor ve yorgunluktan bütün vücudu titriyor.

İkinci fedai

İlkönce o gürültülü hayatın şaşkın seyrini görerek sevindik. Derken hiç beklenmeyen bir anda, birden bire ortaya yeni bir imparator çıktı. Verilen emirler üzerine, halk kırlara koşuyor. Açılan yalancı bayrakları, hepsi peşinden gidiyor. Koyun sürüsü gibi!

İmparator

Bir rakip imparator benim canıma minnet: Ben asıl şimdi imparator olduğumu hissediyorum. Zırhlı elbiseyi sadece bir asker gibi giymiştim, fakat şimdi onu daha yüksek bir maksatla kuşanıyorum. Hiçbir şeyin ihmal edilmediği en parlak eğlencelerde bile, benim için eksik olan bir şey vardı ki, o da tehlikeydi. Siz her zaman hakla oyunu tavsiye ediyordunuz, halbuki, o sırada kalbim şiddetle çarpıyordu. Eğer siz beni savaştan vazgeçirmiş olmasaydınız, ben şimdi en parlak zaferlerin kahramanı olmuştum. Kendi hayalimin, orada o ateş deryasının içine yansıdığını vakit, göğsüme hürriyet damgası vurulduğunu hissetim. Ateş üzerime doğru dehşetle saldırıyordu. Bu bir hayaldi, fakat bu hayal pek büyüktü. Hep zafer ve şöhret hülyaları içinde çırpınıp durdum. Şimdiye kadar canice ihmal ettiğim şeylerin artık üstesinden geleceğim.

(Rakip imparatoru savaşa çağırmak üzere tellâllar gönderilir.)

Faust

(Faust zırhlara bürünmüş, başına da yarı kapalı bir

miğfer giymiş. Üç kabadayı yukarıda tarif edilen teçhizatla ve yine aynı kıyafetlerde.)

Biz herhalde azarlanmamak ümidiyle geliyoruz. Hiçbir zorunluluk olmadan bile ihtiyatlı olmak daima faydalıdır. Bilirsin ki, dağlılar düşünceli ve kuruntulu insanlardır. Tabiatın bu kayaların yazısından iyi anlarlar. Çoktan beri düz ovalardan çekilmiş olan ruhlar, her yerden ziyade kayalıklı dağlardan hoşlanırlar. Onlar dolambaçlı çukurlarda, bol maden kokulu kıymetli gazların arasında sessizce çalışarak, hiç durmadan bunları ayırır, inceler ve birleştirirler. Bir tek arzular, yeni bir şey keşfetmektir. Ruh kudretinin hafif parmaklarıyla, şeffaf sicimler meydana getirirler. Ondan sonra, da, billûrun ve onun o ebedî sükûtunun içinde yeryüzünde olup biten şeyleri görürler.

İmparator

Dediklerini anladım ve sana inanıyorum. Ancak sen bana şunu söyle, yiğidim, burada bunların ne faydası olabilir?

Faust

Norcia'nın Sabinya'lı sihirbazı, senin sadık ve hürmetli bir elemanındır. Vaktiyle onu nasıl feci ve müthiş bir son bekliyordu! Çalılar çıtırdıyor, alevler dillerini uzatıyordu. Katranla ve kükürt çubuklarıyla karışık kuru odunlar, dört bir etrafını sarmıştı. Ne insan, ne Allah, ne de şeytan onu kurtarabilirdi. Fakat senin haşmetin, kızgın zincirleri parçaladı. Bu Roma'da olmuştu. O sana son derece minnettar bulunuyor ve daima her adamını dikkatle takip ediyor. O zamandan beri kendisini tamamen unuttu, yıldızlardan ve derinliklerden yalnız senin yanında bulunmaya memur etti. Dağdaki kuvvetler büyüktür. Orada tabiat pek muazzam bir kudretle ve serbestçe tesirini icra eder. Kalın kafalı papazlar da, buna dudak bükerek, sihirbazlık ederler.

İmparator

Bir şenlik gününde, neşelenip eğlenmek üzere, sevine sevine gelen misafirleri selâmladığımız zaman, her birinin diğerlerini itip sıkıştırdığını ve gittikçe artan o kalabalığa, geniş salonların dar geldiğini görünce, biz bundan zevk duyarız. Üzerinde şansımızın terazisi sallandığı için, hepimizi düşündüren bu erken saatte, bize kuvvetli bir yardımcı olarak gelen bir yiğidi de, en büyük bir sevinçle karşılarız. Fakat burada, şu kutlu dakikada, o kuvvetli elinizi istekli kılıcımızdan çeker, binlerce insanın benim için veya bana karşı savaşmak üzere ilerlediği bu anı, kontrol ediniz. Bir erkek, başlı başına bir varlıktır! Taç ve tahta sahibi olmak isteyen, böyle bir şerefe bizzat lâyık olmalıdır. Kendisine imparator süsü veren ve ülkemizin hakimi, ordunun başbuğu, büyüklerimizin de velinimeti olduğunu ileri süren o hortlak, kendi yumruğunla ölüler diyarına yuvarlanmalıdır!

Faust

Her ne olursa olsun, sen bu büyük işi başarmak için, başını tehlikeye koymakla, hiç de iyi etmiyorsun. Miğfer sorguçla ve püskülle süslü değil midir? İşte bu, cesaretimizi bir araya toplayan başımızı korur. Baş olmazsa, diğer uzuvlar ne iş görebilir? O uyuklayınca, hepsi birden gevşeyiverir. O bir ârızaya uğradı mı, o anda hepsi yaralı olur, çabuk iyileşirse, onlar da yeniden canlanır. Kol, kuvvetli hakkından çabucak istifade etmesini bilir ve başı korumak için, kalkanı kaldırır. Kılıç derhal vazifesini yerine getirerek, darbeyi şiddetle çelip, bunu tekrarlar. Becerikli ayak da, onun mutluluğuna ortak olarak, tepelerinin hemen ensesine yerleşir.

İmparator

İşte benim kinim de budur. Ben ona böyle yapacağım, onun o mağrur başını, ayak rahlesine çevireceğim.

Tellâllar

(Dönüp gelirler)

Biz de orada pek az şeref ve itibara sahip olduk. O kuvvetli ve yüksek bildirgemizi, soğuk bir şaka sayarak güldüler ve "Sizin imparatorunuz, o dar vâdide kaybolan bir yankıdan başka bir şey değildir. Onu hatırladığımız zaman, masallarda olduğu gibi, bir varmış, bir yokmuş diyeceğiz" dediler.

Faust

Bu iş senin yanıbaşında metanet ve bağlılıkla duran, en iyi adamlarının istedikleri gibi oldu. Orada düşman yaklaşıyor, seninkiler de şiddetle göğüs geriyorlar. Artık hücum emrini ver, tam sırasıdır.

İmparator

Ben burada komutanlıktan çekiliyorum.

(Başkomutana)

Görevinin başına geç bakalım, prens.

Başgeneral

O halde sağ taraf ilerlesin! Tam şu sırada tepeye tırmanmakta olan düşmanın sol tarafı, son adımını atmadan, gençlik kuvvetini o denenmiş bağlılığına boyun eğmelidir.

Faust

İzin ver de şu ateşli kahraman, hemen saflarında yer alsın, bütün kalbiyle onların arasına karışsın ve böylece kuvvetli varlığını göstersin.

Raufebold

(İlerleyerek)

Yüzünü bana gösteren, alt ve üst çeneleri dağılmadan, onu tekrar başka tarafa çeviremez. Bana arkasını dönenin de, derhal pörsüyen boynu, kafası ve saçları, korkunç bir şekilde ensesinden sarkar. Eğer senin adamların, kılıçlarını ve topuzlarını benim gibi hızla savururlarsa, o zaman düşmanlar birbirleri üzerine yıkılarak, kendi kanlarının içinde boğulurlar.

(Çekilir)

Başgeneral

Arkadan, merkezimizdeki piyadeler de yavaşça ilerleyerek, düşmanı basiretle ve bütün kuvvetleriyle karşılasınlar. Biraz sağda bizimkilerin gazaba gelen savaş kudreti, onların plânını şimdiden altüst etti.

Faust

(En ortadakini göstererek)

O halde bu da senin emrin altına girsin. O beceriklidir ve her şeyi beraber sürükleyip götürür.

Habebald

(İlerler)

İmparatorun ordularındaki kahramanların zaferlerine, ganimet hırsı da katılmalı ve hepsine hedef olarak, rakip imparatorun zengin çadırı gösterilmeli. O kürsüsünde pek fazla kurum satamayacak, ben piyadelerin en önünde gitmeye karar verdim.

Eilebeute

(Kantinci kadın, ona yaslanarak.)

Ben onun karısı olmasam bile yine o benim en sevgili dostumdur. Bizim için böyle bir meyve toplama fırsatı doğdu! Kadın bir şeye el uzatınca, gözlerini hırs bürür, yağmaya girişince de, insafsız olur. Zaferde en önden gitmeli! O zaman her şey gerektiği gibi olur.

Başgeneral

Sol tarafımız üzerine, önceden de tahmin edilebileceği gibi, onların sağ tarafı şiddetle yükleniyor. Kaya yolunun dar geçidini elde etmek için yapılan bu azgın hücuma, askerlerimiz göğüs göğüse çarpışarak direnecekler.

Faust

(Sola doğru işaret ederek.)

Bunu da dikkate almanızı rica ederim, bayım. Kuvvetlilerin daha fazla kuvvetlenmesi, hiçbir zarar vermez.

Haltefest

(İlerler)

Sol taraf için hiç endişe etmeyiniz! Benim bulunduğum bir yerdeki herşey emniyettedir. İhtiyar, değerini orada gösterecek. Benim tuttuğum bir şeyi, yıldırım bile parçalayamaz.

(Çekilip gider)

Mephistopheles

(Yukarıdan aşağıya doğru gelerek.)

Hele bakınız bir kere, geri tarafta, sivri uçlu kayaların her bir oyuğundan, nasıl bir takım silâhlılar meydana çıkarak, dar patikaları tıkamak için koşuşuyorlar, miğfer, zırh, kılıç ve kalkanlarla, arkamızda bir duvar teşkil ederek, saldırmak için işaret bekliyorlar.

(Bilenlere yavaşça)

Bunun nereden geldiğini sormamalısınız. Ben elbette zamanımı boş geçirmedim. Etraftaki bütün silâh salonlarını boşalttım. Bunlar oralarda ayakta veya at üstünde, sanki hâlâ dünyaya hâkimmişler gibi duruyorlardı. Vaktiyle hepsi birer derebeyi, kral ve imparatordu. Şimdi ise birer boş sümüklüböcek kabuğundan başka bir şey değiller. Bir sürü hayaletler bunların içine dolunca, ortaçağı canlı olarak ayaklanıverdi. İçerilerine hangi şeytancıklar tıkılmış olursa olsun, bu sefer yine bu bir etki yapacak.

(Yüksek sesle)

Dinleyiniz, nasıl şimdiden ateş püskürüyorlar ve silâh şakırdatarak, birbirlerini çarpıyorlar! Taze meltemler kavuşmak için sabırsızlıkla beklemiş olan sancakların yanında, eski bayrak parçaları da dalgalanıyor.

Düşününüz ki, burada eski bir millet hazır duruyor ve bu yeni savaşa kavuşmak için can atıyor.

(Yukarıdan müthiş boru sesleri işitilir, düşman ordusu fark edilebilecek derecede sarsılır.)

Faust

Ufuk karardı, yalnız şurada burada, korkunç bir kırmızı ışık, koca kıvılcımlar saçıyor. Artık silâhlar kanlı kanlı parlıyor. Kayalık, orman, hava ve tekmil gökyüzü, hep birbirine karışıyor.

Mephistopheles

Sağ taraf şiddetle dayanıyor. Fakat ben bunların arasında en ziyade Hans Ranfbold'un, kendi tarzında hummalı bir faaliyet gösteren o dev cüsseli kahramanın, göze çaptığını görüyorum.

İmparator

İlk önce havaya kalkmış bir tek kol görmüştüm, şimdi ise bir düzine kolun şiddetle kalkıp indiğini görüyorum. Bu doğal bir şey değil.

Faust

Sicilya sahilleri üzerinde dolaşan ince ve uzun sislerden bahsedildiğini hiç duymadın mı? Orada gün ışığında parlayan, hava tabakasının ortasına doğru yükselen ve birtakım acayip buharların içine akseden, garip bir manzara görünür, Birbirinin peşinden havayı yarıp geçen resimler gibi, şehirler sallana sallana gidip gelir, bahçeler yükselip alçalır.

İmparator

Fakat bu ne kadar düşündürücü bir şey! Bütün o uzun mızrakların ucundan, kıvılcımlar saçıldığını, bizim piyadelerimizin parlak kargılarının üstünde de, oynak ve küçücük alevlerin dansettiğini görüyorum. Bu bana pek hayalci gibi görünüyor.

Faust

Afedersiniz hükümdarım, bunlar eriyip giden hayalî yaratıkların izleri, bütün gemicilerin adlarına yemin ettiklerini Dioskur'ların yansımalarıdır. Burada en son kuvvetlerini bir araya topluyorlar.

İmparator

Söyle bakalım. Tabiatın bizi gözeterek, böyle en nadir gerçekleri bir araya getirmesini, biz kime borçluyuz?

Mephistopheles

Senin kutlu kaderini göğsünde taşıyan o yüksek üstaddan başka kim olabilir? Düşmanlarının kuvvetli tehdidi, onu son derece derin bir heyecana düşürdü. Kendisi bu işte mahvolacak bile olsa, yine seni kurtarmak suretiyle minnettarlığını göstermek istiyor.

İmparator

Beni gösteriş içinde gezdirmekten sevinç duyuyorlar. O zaman ben bir şeydim ve bunu tecrübe etmek isteyerek, o kara sakallıyı temiz havaya kavuşturmayı uygun gördüm. Bu suretle papazların bir eğlencesini bozmuş ve çok doğal olarak onların ilgisini de kazanmış oldum. Şimdi aradan bu kadar yıl geçtikten sonra, o güzel hareketin meyvesini mi toplayacaktım?

Faust

İçten gelerek yapılan iyilik bol meyve verir. Başını kaldır da yukarıya bak. Bana öyle geliyor ki, o bize bir işaret gönderiyor. Dikkat et, bu hemen belli oluyor.

İmparator

Bir kartal gökyüzünde dolaşıyor, bir anka kuşu da onu büyük bir hiddetle kovalıyor.

Faust

Dikkat et. Bu bana pek hayırlı bir işaret gibi görünmüyor. Anka kuşu efsanevi bir hayvandır. Nasıl oluyor da, o hakikî bir kartalla boy ölçüşecek kadar, kendisini unutabiliyor?

İmparator

Şimdi artık geniş daireler çizerek dönüp duruyorlar. Birbirlerinin göğsünü ve boynunu parçalamak için aynı anda karşılıklı saldırıyorlar.

Faust

Bak şimdi, iyice dövülen ve didiklenen uğursuz anka kuşu, nasıl işten zararlı çıkıyor ve o aslan kuyruğu sarkık bir halde, tepedeki ormana düşerek gözden kayboluyor.

İmparator

Bu neye işaret ediyorsa, öyle olsun! Ben bunu hayranlıkla kabul ederim.

Mephistopheles

(Sağa doğru dönerek)

Hızla ve arka arkaya indirilen darbeler neticesinde, düşmanlarımız gerilemeye mecbur oluyorlar, şaşkın bir halde çarpışarak sağ taraflarına yığılıyorlar ve bu suretle savaşta, esas kuvvetlerin sol yanını karıştırıyorlar. Bizim piyademizin kuvvetli ucu da, sağa doru kayarak, bu zayıf noktaya yıldırım gibi saldırıyor... Şimdi bu çifte savaşta deniz kuvvetleri, fırtınadan kabaran dalgalar gibi coşarak, müthiş bir hınçla çarpışıyorlar. Bundan daha muhteşem bir manzara düşünülemez. Bizim için bu meydan muharebesi kazanılmış demektir.

İmparator

(Sol tarafta Faust'a)

Bak! Bana oranın vaziyeti şüpheli görünüyor, mevziimiz tehlikede bulunuyor. Hiç taş atıldığını görmüyorsun. Aşağıdaki kayalıklara tırmanılmış, yukarıdakiler de şimdiden terk edilmiş. İşte!.. Düşman büyük kitleler halinde, gittikçe daha ziyade sokularak, belki de geçidi elde etti bile. Sizin hünerleriniz para etmiyor.

Mephistopheles

İşte benim kargalarımın ikisi de geliyorlar. Acaba ne haber getiriyorlar? İşlerimiz fena gidecek diye çok korkuyorum.

İmparator

Bu uğursuz kuşlar da ne oluyor? O siyah kanadlarını, üzerinde kıyasıya dövüşülen kayalıktan, bu tarafa doğru çeviriyorlar.

Mephistopheles

(Kargalara.)

Kulaklarımın tam dibine konunuz. Sizin koruduğunuz bir kimse mahvolmaz, çünkü öğütleriniz her zaman geçerlidir.

Faust

(İmparator'a)

Yuvalarındaki yavrularını yiyeceklerine kavuşturmak için, en uzak memleketlerden gelen güvercinlerden bahsedildiğini, herhalde duymuşsundur. İşte bu, önemli farklarla, aynı şeydir. Güvercin postası barışa hizmet eder, karga postası ise düşmanın emri altındadır.

Mephistopheles

Vahim bir tehlike baş gösteriyor. Bakınız, kayaların kenarındaki kahramanlarımızın sıkışık durumlarını görünüz! Civardaki tepelere tırmanılmış. Geçidi de zaptedecek olurlarsa, zor bir vaziyete düşeceğiz.

İmparator

Demek yine aldatıldım! Siz beni bu ağın içine çektiniz. Bununla etrafım sarılmaya başladığından beri, tüylerim ürperiyor.

Mephistopheles

Cesaret! Henüz her şey kaybedilmiş değildir. Son düğümü çözmek için sabır ve kurnazlık lâzım! Bu gibi işlerin sonu çetin olur. Benim emniyetli adamlarım var. Emir ver ki, kumandayı ben ele alabileyim!

Başgeneral

(O sırada yaklaşarak)

Sen bunlarla birleştin, bu benim için ilk andan itibaren bir azap oldu. Sihirbazlık esaslı bir başarı kazandırmaz. Savaşı lehimize çevirmek için, hiçbir çare bulamıyorum. Buna onlar başladılar, varsınlar yine onlar bitirsinler. Ben asâmı geri veriyorum.

İmparator

Şans bize daha iyi günler getirinceye kadar, onu koru. Ben bu iğrenç adamdan ve onun kargalarla samimiyetinden nefret ediyorum.

(Mephistopheles'e)

Asâyı sana devredemem, sen bana bu iş için uygun gelmiyorsun. Kumandayı ele al ve bizi kurtarmaya çalış! Ne olacaksa olsun...

(Başgeneral'le birlikte çadırına girer)

Mephistopheles

Varsın o kör değnek onu korusun! Bizlere onun pek az faydası olabilirdi.

Faust

Şimdi ne olacak?

Mephistopheles

Oldu bile!.. Haydi bakalım, kara yeğenlerim, çabuk iş başına ve doğru büyük dağ gölüne! Undine'lere benden selâm söyleyiniz ve onlardan dalgalarının hayalini rica ediniz. Onlar, anlaşılması güç kadın hünerleriyle gerçekleri ayırmasını bilirler ve herkes bu gerçektir diye yemin eder.

(Sessizlik)

Faust

Su bayanlarına bizim kargalar herhalde iyice yaltaklanmış olacaklar. Orada şimdiden dereler çağlamaya başladı. Kayaların birçok kuru ve kel yerlerinden, dolgun ve coşkun pınarlar fışkırıyor. Artık o zafer tamamen suya düştü.

Mephistopheles

Bu olağanüstü bir karşılama oldu, en cesur tırmanıcılar bile birbirlerine girdiler.

Faust

Artık dereler üst üste, büyük bir hızla aşağıya doğru akıyor, kaya kovuklarını rastlandıkça da, iki kat büyüyerek geriye dönüyor. Şimdi bu akıntıların birinden gökkuşağı aksederken, birden bire kayalar geniş bir düzlüğün üzerinde yayılıyor, kaynaşıp köpürerek bir bu tarafa bir o tarafa saldırıyor ve kademe kademe dökülerek, vâdiye doğru yuvarlanıyor. Cesur ve kahramanca bir direnç, artık neye yarar? Muhteşem dalgalar hepsini sürükleyip götürüyor. Bu azgın tufan karşısında, benim bile tüylerim ürperiyor.

Mephistopheles

Ben bu su hilelerinin hiçbirini görmüyorum, bunlar yalnız insan gözleri aldanır ve bu acayip hâdise beni eğlendirir. Büyük kitleler halinde yuvarlanıp giden bu budalalar, sapasağlam bir zemin üstünde serbestçe soludukları halde, boğulacaklarını zannediyor ve gülünç bir şekilde yüzme hareketleri yaparak, koşup duruyorlar. Artık kargaşa her tarafa yayıldı.

(Kargalar tekrar gelirler)

Ben sizi büyük üstadın önünde öveceğim. Siz de şimdi bizzat birer üstad olduğunuzu göstermek istiyorsanız, içinde cüceler kabilesinin, hiç yorulmak bilmeden madenleri ve taşları dövüp kıvılcım haline getirdiği o kızgın demirhaneye koşunuz ve çok dil dökerek onlardan, insanın zihninde büyüyebilecek kadar ışık saçan, parlayan ve patlayan bir ateş isteyiniz. Gerçi pek uzaklarda şimşekler çaktığı en yüksek yıldızların yıldırım hızıyla düştüğü, her yaz gecesi görülebilir. Fakat karmakarışık çalıların arasında çakan şimşeklerle, ıslak zemin üstünde vızıldayan yıldızlar, öyle kolayca görülebilen şeylerden değildir. Bu sebeple, kedinizi pek fazla üzmeden, ilk önce yalvaracaksınız, ondan sonra da emredeceksiniz.

(Kargalar giderler. Emredilen şeyler aynen gerçekleşir.)

Mephistopheles

Düşmanları saran koyu karanlıklar! Onların gitgide tereddüde düşmeleri! Her tarafta parlayan aldatıcı kıvılcımlar ve birdenbire gözleri kamaştıran bir ışık! Bunların hepsi çok mükemmel olurdu. Ancak şimdi bir de korkunç bir gürültü lâzım.

Faust

Salonların dibinden çıkan kof silâhlar, kendilerini açık havada kuvvetlendirmiş buluyorlar. Karşıdaki tepeden, epeyce zamandan beri, takırtı ve şakırtılarla birlikte, acayip ve falsolu bir ses geliyor.

Mephistopheles

Çok doğru! Onlar artık zaptedilemez. Şimdiden, eski zamanın güzel günlerinde olduğu gibi, derebeylik patırtılarından ortalık inliyor. Kol ve bacak demirleri, Güelf'lerle Ghibellin'lerin yerini tutarak, o sonsuz mücadeleyi çabucak tazeliyorlar. İnatçı ve ortaya çıktıkları duygulara bağlı olduklarından, bunlar barışmaya hiç yanaşmazlar. Artık gürültüleri enine boyuna her tarafa yayılıyor. Zaten bütün şeytan bayramlarında, dehşeti en son noktasına vardıran en mükemmel gösterge, partiler arasındaki kindir. Bu gürültü, son derece iğrenç ve korkunç bir şekilde, bazen de kuvvetli, keskin ve şeytanî bir ses halinde, vâdiye doğru dehşet saçarak yönleniyor.

(Orkestra savaş gürültülerini taklit eder, sonunda neşeli asker havalarına geçer.)

Rakip imparatorun çadırı

(Taht, zengin dekor... Ellebeute ve Habebald)

Eilebeute

İşte yine biz ilk olarak burada bulunuyoruz!

Habebald

Hiçbir karga bizim kadar hızlı uçamaz.

Eilebeute

Oh! Burada ne muazzam bir servet yığılı duruyor! Bunun neresinden başlasam! Neresinden bitirsem?

Habebald

Her taraf öyle tıklım tıklım dolu ki, neye el uzatacağımı bilemiyorum.

Eilebeute

Şu tam bana göre olurdu, ben çok defalar pek fena bir yerde yatıyorum.

Habebald

Şurada çelikten bir topuz asılı. Böyle bir şeyi çoktan beridir özlüyordum.

Eilebeute

Şu kenarları sırmalı kırmızı mantonun bir eşini de rüyamda görmüştüm.

Habebald

(Silâhı alarak)

Bununla iş çabucak olup biter, insan karşısındakini öldürür ve geçip gider. Sen bu kadar çok şey topladığın halde, yine heybeye adamakıllı bir şey koyamadın. Bu eski püskü şeyleri olduğu yerde bırak da şu çekmecelerden birini alıp götür. Bu ordu için ayrılan ücrettir, içi hep altın doludur.

Eilebeute

İnsanın canını çıkartan bir ağırlığı var bunun! Bir türlü kaldıramıyorum, taşıyamıyorum.

Habebald

Hemen çömel! Sen eğileceksin! Ben de bunu senin o kuvvetli sırtına yükleyeceğim.

Eilebeute

Aman! Aman! Şimdi oldu olacak! Bu ağır yük benim belkemiğimi kırıyor.

(Çekmece düşer ve parçalanır)

Habebald

İşte kırmızı altınlar yığın halinde duruyor. Çabuk davran da şunları topla!

Eilebeute

(Yere çömelir)

Haydi çabuk eteğimin içine dolun! Bu yine herhalde bize yetecek kadar olur.

Habebald

Bu kadarı yeter! Haydi artık!

(Kadın ayağa kalkar)

Eyvah, önlükte bir delik var! Nereye gitsen ve nerede dursan, oraya bol bol servet saçıyorsun.

Teberdarlar

(İmparatorun adamları)

Bu kutsal yerde ne yapıyorsunuz? İmparatorun hazinesini ne diye karıştırıyorsunuz?

Habebald

Kellemizi koltuğumuzun altına aldık, ganimet payımızı topluyoruz. Düşman çadırlarında bu âdettir, hem biz de askeriz.

Teberdarlar

Aynı zamanda hem asker, hem hırsız alayı. Bu bizim yasamıza uymaz. İmparatora yaklaşan dürüst bir asker olmalıdır.

Habebald

Bu dürüstlüğün ne olduğunu herkes bilir. Bunun adı haraca kesmektir. Hepiniz aynı ayardasınız. "Ver bakalım!" tâbiri, mesleğinizin selâmıdır.

(Eilebeute'ye)

Haydi çek arabanı ve ne topladınsa hepsinin alıp götür. Biz burada iyi karşılanan misafirler değiliz.

(Giderler)

Birinci Teberdar

Bana bak, niçin bu küstaha hemen bir tokat atmadın?

İkincisi

Bilmiyorum, benim kuvvetim kesildi. Onlar âdeta birer hayaletti.

Üçüncüsü

Benim gözlerim kararmıştı. O sırada bir şeyler parlıyordu, iyi göremiyordum.

Dördüncüsü

Nasıl anlatacağımı bilemiyorum. Bütün gün hava o kadar sıcak, öyle sıkıntılı, o derece boğucu ve ağır ki, biri kalkıyor, öteki düşüyordu. Önümüzü görmeden yürüyor, aynı zamanda da kılıç sallıyorduk ve her darbede bir düşman yere seriliyordu. Gözlerimizin önünde tül gibi bir şey dalgalanıyordu, ondan sonra da kulaklarımız uğulduyor, vızıldıyor ve çınlıyordu. Bu hep böyle devam etti. Nihayet kendimizi burada bulduk fakat bunun nasıl olduğunu biz de bilmiyoruz.

(Dört prensle birlikte imparator görünür. Teberdalar uzaklaşır.)

İmparator

Artık ne olursa olsun! Biz savaşı kazandık. Perişan bir halde kaçan düşman ordusu, düz ovada dağıldı gitti. İşte boş taht burada, o hainin hazinesi de, halılara sarılı olarak, bunun etrafında yığılı duruyor. Biz, kendi teberdarlarımızın şerefli muhafazası altında, milletlerin üyelerini, imparator sıfatıyla bekliyoruz. Her taraftan hayırlı haberler geliyor. Memleket sükûna kavuşmuş ve bizi sevinçle bağrına basmış. Bizim mücadelemize sihirbazlık karıştıysa da sonunda yine biz tek başımıza çarpıştık. Zaten tesadüfler savaşana yardım eder. Gökten bir taş düşer, düşmanın üzerine kan yağar, kaya kovuklarından, bizim göğsümüzü şişiren, düşmanlarınkini de daraltan, kuvvetli ve acayip sesler akseder. Yenilen, gittikçe artan baskılar karşısında devrildi gitti. Galip gelen de, göğsünü kabartarak, bu lütfu bağışlayan Allah'a şükrediyor ve herkes ona uyarak, onun emretmesine gerek kalmadan, milyonlarca ağızdan "Allah'ım, sana bin kere şükür!" duası yükseliyor. Bununla birlikte ben, en yüksek kadirşinaslıkta bulunmak üzere, eskiden nadiren yaptığım gibi, nazarlarımı dindar bir hisle kendi vicdanıma doğru çeviriyorum. Genç ve neşeli bir prens gününü israf edebilir fakat seneler ona bir anın bile önemini öğretir. Milletimin selâmeti için, derhal sizlerle, benim dört değerli prensimle birleşiyorum.

(Birincisine)

Ordunun almış olduğu muntazam ve isabetli düzen, ondan sonra da en mühim anda, onun kahramanca bir cesaretle sevk ve idaresi, hep senin eserindir, prens! Şimdi, zamanın gereklerine göre, sulh içinde de aynı faaliyeti göster. Seni başmareşal olarak tayin ediyor, kılıcı sana veriyorum.

Başmareşal

Şimdiye kadar içeride uğraşan sadık ordun, seni ve tahtını hudutlarda müdafaa etmeye başlayınca, atalarımın o muhteşem sarayının geniş salonunda büyük bir kalabalık şenlik yaparken, bize ziyafet sofranı hazırlama şerefi armağan edilsin. O zaman ben bu kılıcı çekerek, hep karşında ve yanıbaşında senin sonsuz koruman olarak duracağım.

İmparator

(İkincisine)

Hem cesur, hem de nazik bir adam sıfatıyla, sen de başmabeyinci ol. Bu vazife kolay değildir. Aralarındaki kavgalardan, içlerinde fena hizmetçiler bulunduğunu gördüğüm bütün saray hizmetlilerinin âmirisin sen. Bundan böyle senin hareketin olanlara, hükümdarın, saray halkının ve herkesin nasıl hoşnut edileceğini gösteren, şerefli bir örnek olsun.

Başmabeyinci

Hükümdarın ilgisi, onun büyük ideallerini takip etmekle olur. İyilere yardım edip, kötülere bile fenalık yapmamak, ondan sonra da samimiyet ve hilesiz bir teslimiyet göstermek! Sen benim içimi görsen, bu benim için yeter. Acaba hayal gücümüz o şenliğe kadar uzanabilir mi? Sen sofraya oturduğun zaman, ben sana altın kupayı uzatacağım, zevke daldığın zaman da, bakışın beni sevindirdiği gibi, elin de rahat etsin diye, senin yüklerini tutacağım.

İmparator

Gerçi ben eğlenmeyi düşünmeyecek katar kendimi ciddi hissediyorum fakat haydi öyle olsun! Neşeli teşebbüslerin de faydası vardır.

(Üçüncüsüne)

Seni başkâhyalığa seçiyorum. Şu halde bundan sonra av işleri, kümesler ve sarayın bölmeleri, hep senin emrinde olacak. Her zaman benim en çok sevdiğim yemekleri, mevsimine göre seçerek, büyük bir özenle hazırlat.

Başkâhya

Önünde konacak nefis bir yemek seni memnun edinceye kadar, şiddetli bir perhiz benim için en zevkli vazife olsun. Mutfaktaki yardımcılara, uzak şeyleri buraya çekmek, mevsimleri de çabuklaştırmak için, benimle birlik olacaklar. Sofrayı süsleyen, uzaklardan gelme ve turfanda şeyler, seni kendine çekmez. Senin içinin çektiği yemekler, sade ve kuvvetli olmalıdır.

İmparator

(Dördücüsüne)

Madem ki burada, kaçınılmaz bir şekilde, yalnız eğlenceler söz konusudur, o halde, genç kahraman, sen de sucu oluver. Artık başsucu sıfatıyla, mahzenlerimizin iyi içkilerle adamakıllı dolu olmasını temin et. Kendin de bizzat dikkatli ol ve fırsatın cazibesine kapılarak, neşenin sınırını aşma!

Başsucu

Prensim, gençlik ona güvenildikten sonra, insan farkında bile olmadan, olgun adamlar sırasına kendiliğinden yükseliverir. Ben de o büyük eğlenceye koşacağım. Son derece mükemmel ve şahane bir büfe hazırlayarak bunu, hep altın ve gümüşten yapılmış muhteşem kupalarla süsleyeceğim. Fakat senin için şimdiden en güzel kadehi seçiyorum. İçinde neşe saklayan, şarabın lezzetini artıran ve onu hiç baş döndürmez bir hale getiren, parlak bir Venedik bardağı. Senin asaletin korur ancak seni....

İmparator

Böyle önemli bir andan sizin için neler düşündüğümü, güvenebileceğimiz bir ağızdan, dikkatle dinlediniz. İmparatorun sözü büyüktür ve her türlü huzuru temin eder. Fakat bunu sağlamlaştırmak için bir de ferman ve imza lâzım. İşte bunu gereği gibi hazırlamak üzere, bu işin asıl adamının, tam zamanında geldiğini görüyorum.

(Başpikopos-Başkancılar görünür)

Bir kubbe sağlam temellere dayanırsa, sonsuz bir süre için inşa edilmiş olur. Burada dört prens görüyorsun! Biz ilk önce hanedanın ve sarayın geleceğini temin edecek hususları tespit ettik. Fakat şimdi memlekette ne varsa hepsi, bütün heybet ve kudretiyle, beş kişiye dayansın. Bunlar, ülkeleri itibariyle, bütün diğer prenslerden daha çok göz kamaştırmalı. Bu maksatla hemen şimdi saraylarının hudutlarını, aramızdan ayrılmış olanların miras hisseleriyle genişletiyorum. Benim sadık dostlarım, sizlere birçok güzel ülkelerle birlikte, fırsat buldukça mirasa konmak, satın almak ve değiş tokuş yapmak suretiyle, daha fazla genişlemek hakkını da hediye ediyorum.

Başpikopos

Hepsi adına sana en derin teşekkürlerimi sunuyorum! Sen bize kuvvet ve sabır bahşederek, kendi kudretini artırıyorsun.

İmparator

Sizin beşinize birden, daha yüksek rütbeler vermek istiyorum. Ben henüz memleketim için yaşıyorum ve yaşamak arzusunu duyuyorum. Fakat şahlı atalarımın âkıbetleri, benim düşünceli nazarlarımı bu telâşlı gayretten, muhtemel tehlikeler doğru çeviriyor. Ben de vaktim gelince, sadık dostlarımdan ayrılacağım. O zaman sizin göreviniz, halefimi tâyin etmek olsun. Başında taç olduğu halde, onu kutlu kürsünün üstüne çıkarınız ve şimdi bu kadar şiddetle esen kasırga, o zaman tatlı bir sessizliğe bürünsün...

Başkançılar

Kalplerinin en derin yerinde gurur, tavırlarında da perişanlık olduğu halde, yeryüzünün en ileri gelen prensleri, senin önünde eğiliyorlar. Bu vefâkar kan, şişkin damarlarımızda dolaştığı müddetçe, biz senin iradenin kolayca kımıldattığı bir vücuduz.

İmparator

Haydi bakalım, şimdiye kadar bildirdiğimiz şeyler, artık sonsuz bir gelecek için, yazı ve imza ile tasdik edilsin. Gerçi siz mülklerinizin sahibi olarak, tamamen serbest bir tasarruf hakkına sahipsiniz, ancak bunlar bölünmez olmak şartıyla... Bizim aldığımız şeyleri ne kadar çoğaltsanız, yine bunların büyük oğullarınıza aynı ölçüde geçmelidir.

Başkançılar

Ülke ve hepimize mutluluk verecek olan yasayı, ben derhal büyük bir sevinçle kaleme alıyorum. Bunun temize çekilmesi ve mühürlenmesi işiyle görevliler meşgul olsun. Sen de, hükümdar sıfatıyla bunu kutlu imzanla onaylarsın.

İmparator

Böylece herkesin kendini toplayarak, bu büyük günü hayalinde yaşatabilmesi için, sizi serbest bırakıyorum.

(Prensler uzaklaşırlar)

Rahip

(Kalır ve ciddî bir tavırla konuşur)

Görevliler çekilip gitti fakat senin kulağına ciddî bir tavsiyede bulunmak gereğini hisseden piskopos, burada kaldı! Onun baba şefkatiyle çarpan kalbi, senin için endişeden bunalıyor.

İmparator

Bu sevinçli anda ne gibi bir endişe duyuyorsun, söyle!

Başpikopos

Şu saatte, senin yüksek ve mukaddes şahsiyetini şeytanla birleşmiş görmek, bana ne kadar acı bir ıstırap veriyor! Gerçi sen görünüşte tahtına sağlam bir şekilde oturmuş bulunuyorsun, fakat ne yazık ki, ulu Tanrı'nın ve papa babamızın menfaatlerini kendine çevirmiş oluyorsun! O bunu duyacak olursa, günahkâr ülkeni mukaddes ışıklarıyla yok etmek üzere, seni derhal mahkûm edecek. Zira senin taç giydiğin gün, en yüce bir anda, o sihirbazı nasıl kurtardığını, henüz unutmadı. Senin alın süsünden çıkan ilk merhamet ışığı, Hıristiyanlığın zararına olarak, o hain başa isabet etti. Fakat sen şimdi göğsünü döverek, derhal suçlu mutluluğunun kefaretini öde. Üzerinde çadırının kurulduğu, ruhların seni korumak için birleştikleri ve senin yalanlar prensine kulak vererek ona uyduğun o yaylayı, benim dindar öğütlerimi dinleyerek, boylu boyunca uzanan dağı ve geniş ormanıyla, yeşil meralarla kaplı tepeleriyle, berrak göllerindeki balıklarıyla, sonra kıvrıla kıvrıla süratle akan vâdiye yuvarlanan sayısız ırmaklarıyla beraber, bizzat o geniş vâdiyi de, çayırları, çimenleri ve kırlarıyla birlikte, hayırlı bir girişime hediye et. Bu senin pişmanlığını gösterir ve o zaman affı hak edersin.

İmparator

O ağır suç beni derin bir dehşete düşürdü. Bunun hududunu sen kendi ölçüne göre ayarla.

Başpikopos

İlk önce, üzerinde böyle bir günah işlenen o uğursuz saha, derhal göktekinin hizmetine tahsis edilsin! Birden bire hayalimde kalın duvarlar yükseliyor, sabah güneşinin bakışı şimdiden mihrabı aydınlatıyor, gittikçe büyüyen bina ay şeklini alıyor ve mâbet uzayıp yükselerek müminleri sevindiriyor. Artık onlar büyük bir heybetle kapıdan içeriye doluyorlar. İlk çan sesi dağları ve vâdileri inletti. Gökyüzüne doğru uzanan yüksek kulelerden bu ses yankılanırken, tövbekâr da, yepyeni bir hayata kavuşmak üzere yaklaşıyor. Açılış töreninin yapılacağı o mutlu günde, senin huzurun en büyük hazine olacak.

İmparator

Varsın böyle muazzam bir eser, benim ulu Tanrı'ya dua etmek ve günahlarımdan kurtulmak hususundaki niyetlerimi, herkese ilân etsin. Yeter artık! Ben ruhumun nasıl yükseldiğini, şimdiden hissediyorum.

Başpiskopos

Yardımcılar sıfatıyla ben şimdi bunu bir karara bağlamak için gerekli olan muameleyle karşılaşıyorum.

İmparator

Bu arazinin kiliseye tahsisi için bana usulüne uygun bir kararname yazıp getir, bunu memnuniyetle imzalayacağım.

Başpiskopos

(İzin verirken, kapıdan döner)

Sonra aynı zamanda, eser vücuda gelince, memleketin bütün gelirlerini. Vergileri, harçları, rüsumu, sürekli olarak bu işe tahsis edersin. Bunun lâyıkıyla muhafazası için çok şeylere ihtiyaç var, özenle idaresi de ağır masrafları zorunlu olur. Hattâ böyle ıssız bir yerde çabuk inşa edilebilmesi için de, bize ganimetinden bir miktar altın verirsin. Bundan başka, şunu da gizleyemeyeceğim ki, bu iş için uzak yerlerden kereste, kireç, taş ve bunu benzer şeyler getirtmek lâzım. Nakliyatı, vaiz kürsüsünden anlatılan halk yapacak. Kilise, hizmetine koşanları kutsar.

(Çekilip gider.)

İmparator

Üstüme yüklenmiş olan hata büyük ve ağırdır. Şu sihirbazlar gurubu beni çetin zararlara sokuyor.

Başpiskopos

(Tekrar geri dönüp, yerlere kadar eğilerek.)

Afedersin, hükümdarım! O çok kötü şöhretli adama, imparatorluğun sahilleri bağışlandı. Fakat eğer sen nedamet hissiyle oranın da harçlarını, vergilerini ve gelirlerini kilisenin yüksek makamına tahsis etmezsen, o aforoz edilecek.

İmparator

(Canı sıkılarak.)

Bu ülke henüz meydanda yok, denizin dibinde yatıyor.

Başpiskopos

Hak sahibi sabırlı olursa, zaman da onun yardımına koşar. Yeter ki bize verdiğiniz söz, kuvvetini muhafaza etsin!

(Gider.)

İmparator

(Tek başına.)

Bu gidişle neredeyse bütün imparatorluğu bağışlayacaktın.

BEŞİNCİ PERDE

Etrafı açık bir yer

Yolcu

Evet! İşte onlar, o karanlık ıhlamurlar, orada bütünü ile duruyorlar. Benim de, bu kadar uzun bir yolculuktan sonra, oları tekrar görmem mümkünmüş! Burası yine o eski yer, şu kulübe de, fırtınadan coşan dalgalar beni o kum yığının üstüne attığı zaman beni barındıran kulübe! Daha o zaman bile, bugün karşıma çıkamayacak kadar ihtiyar olan ev sahiplerimi, o yardımsever ve mert karı kocayı, anlatmak isterdim. Ah! Bunlar ne temiz insanlardı! Acaba kapıyı çalsam mı? Seslensem mi?... Eğer misafirperverlik hissiyle hâlâ iyilik yapmaktan zevk duyuyorsanız, sizi selâmlarım!)

Baucis

(Çok yaşlı bir nine.)

Sevgili misafir! Yavaş! Lütfen yavaş! Gürültü yapma!

Bırak da kocam rahat etsin! Uzun uyku, ihtiyarı kısa süren uyanıklığına, zindelik veriyor.

Yolcu

Söyle anne, o gerçekten sen misin? Zamanında o delikanlının hayatını eşinle birlikte kurtarmaya çalıştığın için, tekrar teşekkürlerimi kabul etmek üzere mi karşıma çıkıyorsun? O yarı ölü dudakları canlandırmak için uğraşan Baucis, sen misin?

(Kocası görünür.)

Sen de, benim hazinemi dalgaların arasından, o kadar büyük bir kudretle çekip kurtaran, Philemon değil misin? Çabuk ısıtan ateşinizin alevleri ve küçücük imdat çanınızın gümüş sesi, size o korkunç facianın önüne geçmek imkânını bahşetmişti. Şimdi bırakınız beni de ilerleyeyim ve şu sonsuz denizi seyredeyim. Bırakınız da diz çöküp dua edeyim, zira göğsüm bana pek dar geliyor.

(Kumların üstünde ilerler.)

Philemon

(Baucis'e.)

Bahçenin en güzel çiçekler açan yerinde, sofrayı kurmak için, çabuk ol. Varsın o dolaşıp dursun ve hayretler içinde kalsın, çünkü gördüklerine inanmayacak.

(Yolcunun yanında durarak.)

Hiddetlerinden köpürerek üst üste saldıran dalgaları, sizi şiddetle hırpalayan o denizi, şimdi bir bahçe haline gelmiş buluyorsunuz ve karşınızda bir cennet manzarası görüyorsunuz. Ben daha fazla yaşlanmış olduğumdan, işe yarayacak bir halde değilim, eskisi gibi hemen yardıma koşamıyordu ve nihayet hiç takatim kalmadığı zaman, dalgalar da artık uzaklaşmış bulunuyordu. Akıllı efendilerin cüretkâr uşakları çukur kazdılar, setler yaptılar, onun yerine hükümran olmak için, denizin haklarını azalttılar. Hele şu yeşillenen çayırlara, meralara, bahçelere, köylere ve ormanlara bak... Fakat sen şimdi yemeğe gel, zira biraz sonra güneş çekilecek... Orda pek uzaktan yelkenliler geçiyor, bunlar gece barınmak için korunaklı bir yer arıyorlar. Kuşlar yuvalarını nasıl da bilirler! Çünkü şimdi orada bir liman var. Böylece sen artık denizin mavi kıyısını, ancak uzaktan görebiliyorsun, bunun sağında ve solunda da, bütün genişliğince uzanan, yan yana sıkışmış evlerle kaplı bir saha görünüyor.

(Küçük bahçede, üçü birden sofra başında.)

Baucis

Sessiz duruyorsun? Yutkunan ağzına bir lokma bile götürmüyorsun?

Philemon

Herhalde o mucizeyi merak ediyor. Sen konuşmayı pek seversin, bunu ona anlatıver.

Baucis

Pek doğru! O bir mucizeydi! Bugün bile o beni rahat bırakmıyor. Çünkü bütün bu işler hiç de tabii bir şekilde cereyan etmedi.

Philemon

Ona bu sahilleri bağışlayan imparator, günaha girebilir mi? Buradan geçen bir tellâl, bunu avaz avaz haykırarak, ilân etmedi mi? İlk önce bizim kumsalımızdan hiç de uzak olmayan bir yere ayak basıldı, çadırlar kuruldu ve kulübeler yapıldı!.. Fakat çok geçmeden, yeşillikler arasında bir saray yükseliverdi.

Baucis

Gündüzleri işçiler durmadan kazma kürek sallayarak, boş yere gürültü ediyorlardı. Geceleri küçücük alevlerin kaynaştığı yerde ise, ertesi gün bir set yükseliyordu. Kurban giden insanların kanı durmadan akıyordu, inleyenlerin feryatları da, geceleyin her tarafı kaplıyordu. Denize doğru azgın ateşler yuvarlanıyor ve bu ertesi sabah bir kanal oluyordu. O Allah'tan korkmayan adam, bizim kulübemize ve bahçemize göz dikti. Ne kadar da azametli bir komşu. Herkesin kendisine boyun eğmesini istiyor.

Philemon

Fakat o bize yeni ülkede, güzel bir köşk teklif et!

Baucis

Sudan çıkan yere güvenme, sen kendi tepende kal!

Philmon

Biz şimdi güneşin son bakışını görmek için, küçük kiliseye gidelim! Çan çalalım, diz çökelim, dua edelim ve Tanrımıza güvenelim!

Saray

(Geniş bir çiçek bahçesi, dümdüz bir kanal. Faust,

yaşının son haddinden düşüncelere dalmış bir halde, gezinmektedir.)

Kule bekçisi Lynceus

(Konuşma borusuyla.)

Güneş batıyor, son gemiler neşeyle limana giriyorlar. Kanalda buraya gelmek üzere olan, büyük bir kayık görünüyor. Rengârenk bayrakları sevinçle dalgalanıyor ve dimdik direkleri hazır duruyor. Sana sığınan her gemici, kendisini bahtiyar sayıyor, seni bu en parlak devirde, mutluluk selâmlıyor.

(Kumsaldaki küçük çan çalınır.)

Faust

(İrkilerek.)

Ah! Hain çan sesi! Tıpkı hain bir mermi gibi, insanı son derece alçakça yaralıyor. Karşımda ülkeme sonsuz bir şekilde uzanıyor fakat arkama bakınca, can sıkıntısı içimi kemiriyor ve bu kıskanç sesler bana yüksek hükümranlığımın lekesiz olmadığını hatırlatıyor. Ihlamurların bulunduğu yer, o kara kulübe ve o harap kilise benim değil. Orada biraz hava almak istesem, yabancı gölgelerden tüylerim ürperiyor. Bunlar gözlerimin önünde ve ayaklarımın altında birer diken. Ah! Keşke ben buradan çok uzaklarda olsaydım!

Kule bekçisi

(Yukarıda olduğu gibi.)

Donanmış kayık, serin akşam rüzgârının altında, nasıl neşeli bir eda ile, pupa yelken geliyor! İçinde yığılı duran sandıklardan, kutulardan ve çuvallardan, onun başarılı bir sefer yaptığı, nasıl da belli oluyor!

(Yabancı ülkelerin zengin ve değişik ürünleriyle yüklü, muhteşem bir kayık.)

Mephistopheles, üç babayiğit arkadaş

Koro

Buraya yanaşalım, artık geldik. Velinimetimizi ve patronumuzu selâmlarız!

(Kayıktan çıkarlar, mallar karaya taşınır.)

Mephistopheles

İşte biz kendimizi adamakıllı gösterdik. Eğer patron bunu takdir ederse, bize ne mutlu. Yalnız iki gemiyle yola çıktığımız halde, şimdi yirmi gemiyle limana döndük. Ne büyük işler gördüğümüz yükümüzden belli. Açık deniz, fikirleri serbestleştirir. Orada düşünmenin ne demek olduğunu kimse bilemez! Yalnız el çabukluğu işe yarar. Balık tutulur, bir gemi yakalanır ve bir kere üç tanesi ele geçirildi mi, dördüncüsü de kancayla çekiliverir. Fakat beşincisinde iş kötüleşir, ancak kuvvetli olunca, hak kazanılır. "Nasıl?" diye değil, "Ne?" diye sorulur. Gemiciliğin ne olduğunu, ben bir türlü öğrenemedim: Savaş, ticaret ve korsanlık birbirlerinden ayrılmayacak tarzda birleşmişler.

Üç babayiğit arkadaş

Ne selâm var, en teşekkür! Ne teşekkür, ne de selâm! Efendimize pislik getirmişiz. İğrenmiş gibi yüzünü ekşitiyor ve kralları imrendirecek bir servet, onun hoşuna gitmiyor.

Mephistopheles

Daha fazla ödül beklemeyiniz! Siz bundan hissenizi aldınız ya...

Yoldaşlar

Bu sadece can sıkıntısını gidermek içindi. Hepimiz eşit pay istiyoruz.

Mephistopheles

İlk önce bu değerli şeylerin hepsini yukarıdaki salonlara birer birer diziniz! O içeriye girip de bu zengin manzarayı görünce, her şeyin kıymetini daha iyi hesaplayacak ve hiç şüphe yok ki, kıskançlık etmeyerek, donanmaya ziyafet üstüne ziyafet verecek. Renkli kuşlar yarın geliyorlar, ben onlar için mükemmel bir hazırlık yapacağım.

(Yükleri götürürler.)

Mephistopheles

(Faust'a)

Sen eşsiz mutluluğunu, çatık kaşlarla ve dumanlı bakışlarla karşılıyorsun. O yüksek bilgin, ödülünü görüyor. Kıyılar denizde uzlaştı. Süratle yola çıkan gemileri, deniz sahilden istekle alıyor. Artık sen kolunun buradan, bu saraydan, dünyanın her tarafına uzandığını söyleyebilirsin. İlk önce bu noktadan işe başlanmıştı, ilk baraka burada kurulmuştu. Aşağıya doğru küçücük bir hendek kazılmıştı. Şimdi ise bunun içinde hummalı bir faaliyetle gidip gelen kürekler, suları altüst ediyor. Senin yüksek düşüncenle adamlarının gayreti, denizin de hakkından geldi, karanın da, Buradan...

Faust

Lânet olsun buraya! İşte asıl bu benim üstüme bir kâbus gibi çöküyor. Sen çok becerikli olduğun için bunu sana söylemek lüzumunu hissediyorum: Bu benim kalbime bir hançer gibi saplanıyor, buna tahammül etmek benim için imkânsız! Fakat söylerken de utanıyorum. Şu yukarıdaki ihtiyarlar yola gelmeliydiler. O ıhlamurları kendime mesken yapmak niyetindeydim. Kendi malım olmayan o birkaç ağaç, benim dünya hâkimiyetimi berbat ediyor. Ben orada, ta uzaklara kadar her tarafı seyredebilmek, bütün yaptıklarımı bir bakışta görebilecek ve büyük bir sabırla halka geniş bir iskân bölgesi kazandıran insan zekâsının bu şaheserini kuşbakışı seyredebilmek için, daldan dala iskeleler kurarak, krallık alanımı genişletmek istiyorum. İşte biz böyle zenginlik içinde, eksik olan şeyimizi hissederek, en acı acılarla kıvranıyoruz. Şu küçücük çanın sesi ve o ıhlamurların kokusu, sanki kilisede veya mezardaymışım gibi bütün vücudumu kaplıyor. O her şeyi alt eden iradenin kudreti burada, şu kumların üstünde kırılıyor. Ben dertten nasıl kurtulsam! O küçük çan çalınınca, benim beynim atıyor.

Mephistopheles

Bu baş belâsının, senin hayatını zehirlemesi, pek mümkün! Kim bunu inkâr eder ki! Bu çan sesi, her kulağa iğrenç gelir. Akşamın güzel havasını bulandıran o uğursuz "din-dan-don", ilk banyodan mezara kadar, her hâdiseye karışır. Sanki hayat, din'le dan arasında eriyip giden, bir rüyadan ibaretmiş gibi...

Faust

Bu karşı koyma ve bu inat, en şerefli bir başarının

zevkini bozuyor. Bu yüzden insan, derin ve müthiş bir azap içinde kıvranarak, adaletli hareket etmekten usanç duyuyor.

Mephistopheles

Bu işten ne diye sıkılıyorsun? Sen çoktan beri burasını bir sömürge haline getirmek gereğini hissetmiyor muydun?

Faust

Haydi gidin de şunları devreden çıkarın!.. Benim bu ihtiyarlara ayırdığım o güzel ve küçücük köşkü biliyorsun.

Mephistopheles

Onları götürüp oraya oturtmalı. İnsan başını çevirip de bakıncaya kadar tekrar toparlanırlar. Karşı karşıya kalacakları zorbalıktan sonra, güzel bir ikametgâh onların keyiflerine yerine getirir.

(Keskin bir ıslık çalar.)

Üç arkadaş görünürler.

Gelin, patron bizi kötü karşıladı. Onun için biz bir deniz eğlencesini iyice hak ettik.

Mephistopheles

(Seyircilere.)

Çok eskiden olup biten bir şey, şimdi de burada oluyor. Zira Naboth'un bağı artık unutulmuştu.

Karanlık gece

Kule bekçisi Lynceus

(Gözetleme kulesinde şarkı söyleyerek.)

Ben görmek için doğup, gözetlemeye memur edilerek, nefsimi bu kuleye hediye ettim. Bu hayattan memnunum. Uzaklara bakarken ayla yıldızları, yakınları seyredersen de ormanı ve geyikleri görüyorum. İşte böylece ben hepsinde ebedî bir güzellik buluyorum ve bunlar benim hoşuma gittiği gibi kendi kendimin de hoşuna gidiyorum. Ey mutlu gözler, kim ne derse desin, sizin şimdiye kadar gördüğümüz şeyler pek güzeldi!

(Biraz susar.)

Ben bu kadar yüksek bir yere, yalnız eğlenmek için dikilmedim. Şu karanlıkların içinden, beni ne korkunç bir felaketi getiriyor. O ıhlamurların kapkaranlık gölgeleri arasından, kıvılcımlar saçıldığını görüyorum. Rüzgârdan körüklenen harlı bir ateş, gittikçe şiddetlenerek büyüyor. Eyvah! O yosunlu ve rutubetli kulübenin içinden alevler fışkırıyor. Acele yardım isteniyor, fakat hiç imdada koşan yok. Ah, zavallı ihtiyarlar! Her zaman ateşe o kadar dikkat ettikleri halde, şimdi yangının kurbanı oluyorlar! Ne müthiş bir felâket! Alevler yükseliyor. O siyahlı ve yosunlu çatı, kızıl bir kor haline geldi. Allah vere de o zavallılar, bu kızgın cehennemin içinden kurtulmuş olsalar! Parlak şimşekler, yapraklarla dalların arasından, sivri dillerini uzatıyorlar. Tutuşup yanan kuru dallar, çabucak geçerek çöküveriyor. Benim gözlerim bunu da mı görecekti! Mutlaka bu kadar uzak görüşlü olmam mı gerekiyordu? Devrilen dalların yükünden, o küçücük kilise de çöküyor. Kıvrıla kıvrıla yükselen alevler, artık ağaçların tepesini sardı. Oyuk gövdeleri de, ta köklerine kadar, kıpkırmızı bir kor halinde yanıyor... (Uzun sessizlik ve şarkı.)

Bir zamanlar göze hoş görünen o manzara, temsil ettiği asırlarla birlikte, mahvolup gitti.

Faust

(Balkonunda, tepelere karşı.)

Yukarıdan akseden bu feryatlar nedir? Bu söz ve bu sesler buraya pek geç geliyor. Gözcüm yanıp yakılıyor, ben de içimden, bu sabırsızca harekete üzülüyorum. Fakat her ne kadar o koca ıhlamurlar yarı kömürleşmiş birer korkunç kütük haline geldiyse de, pek yakında, sonsuz ufukları seyretmek için, bir cihannüma yapılacak. Ben orada, benim civanmertliğim sayesinde son günlerini sevinç içinde geçirecek olan o ihtiyar karı kocanın, yeni evlerini de göreceğim.

Mephistopheles ve üç arkadaş

(Aşağıda)

İşte alabildiğimize koşarak geldik. Affedin! Bu iş güzellikle olmadı. Kapıyı çaldık, yumrukladık, fakat bir türlü açmadılar. Biz itip yumruklamaya devam ettik, o zaman çürük kapı yıkılıverdi. Bağırıp çağırdık, ağır tehditler savurduk, hiç kulak asmadılar. Böyle hallerde olduğu gibi, bizi dinlemiyorlardı, dinlemek bile istemiyorlardı. Fakat biz vakit kaybetmeden, hemen onları tutup dışarıya attık. Karı koca fazla eziyet çekmediler, korkudan cansız bir halde yere yuvarlanıverdiler. Orada saklanan ve dövüşmeye yeltenen bir yabancı da yere serildi. Kısa süren bu boğuşma esnasında, etrafa sıçrayan kömürlerden, samanlar tutuştu. Şimdi, bu üç kurbana has bir odun yığını gibi, rahat rahat yanıyor.

Faust

Siz benim sözlerim karşısında sağır mıydınız? Ben gasp değil, değişim istiyordum. Düşüncesizce yapılan bu vahşi hareketi kınıyorum. Siz de bunu aranızda paylaşınız!

Koro

Eski bir söz vardır, bu söz: "Kuvvete istekle boyun eğ! Eğer yüreğin sağlamsa, ve karşı koymak istersen, o zaman hem evini barıkın, hem de... Kendini tehlikede bil."

(Çekilip giderler.)

Faust

(Balkonda.)

Yıldızlar ışıklarını gizliyorlar, yangın da hafifliyor ve alevleri küçülüyor. İnsanı ürperten bir meltem, onu körükleyerek, islerini ve dumanlarını bana kadar getiriyor. Aceleyle verilen o emir, çok çabuk yerine getirildi. Buraya doğru, gölgeler gibi, ne süzülüyor böyle?..

Gece yarısı

Üç kurşun renkli giysili kadın görünür.

Birincisi

Benim adım Yoksulluk.

İkincisi
Benim adım Borç.

Üçüncüsü
Bana Üzüntü derler.

Dördüncüsü
Bana Sıkıntı derler.

Üçü birden
Kapı kapalı içeriye giremeyeceğiz. Burada bir zengin oturuyor, biz onun yanına giremeyiz.

Yoksulluk
O halde ben bir gölge olurum.

Borç
Ben de bir hiç olurum.

Sıkıntı
Nazlı yüzler benden çevrilir.

Üzüntü
Kardeşlerim, siz buraya giremezsiniz ve girmemelisiniz. Üzüntüye gelince, o içeriye anahtar deliğinden süzülüverir.

(Üzüntü ortadan kaybolur.)

Yoksulluk

Ey gamlı hemşireler, buradan uzaklaşınız.

Borç

Ben, senin hemen yanıbaşında ve sana bağlı kalıyorum.

Sıkıntı

Ben de senin hemen peşinden geliyorum.

Üçü birden

Bulutlar geçip gidiyor, yıldızlar gözden kayboluyor! İşte arkamızda, arkamızda! Ta uzaktan, uzaktan o da geliyor, bizim ağabeyimiz, ta kendisi... Ölüm.

Faust

(Sarayda.)

Dört kadının geldiğini ve yalnız üçünün döndüğünü gördüm. Konuştukları şeylerin mânasını anlayamadan. Kulağıma sanki "Sıkıntı" diyorlarmış gibi bir ses geldi, sonra bunu, "Ölüm" diye tekrarladılar. Bu sözler kof, hayaletlerinki gibi boğuk boğuk ötüyordu. Hâlâ bunların etkisinden kendimi kurtaramadım. Eğer yolumun üstünden sihiri uzaklaştırabilseydim, senin karşında da, ey tabiat, sadece bir adam sıfatıyla durabilseydim, o zaman insan olmak zahmete değer bir şey olurdu. Ben eskiden, henüz karanlıkları kurcalamadan, bir küfürle hem kendime, hem de bütün dünyaya lânet etmeden önce, işte böyleydim. Şimdi hava bu gibi hayaletlerle o kadar dolu ki, bunlardan nasıl kaçınacağını hiç kimse bilemiyor. Gündüz, bizi aydınlığa ve uygun düşüncelere kavuşturarak, yüzümüze gülse bile, gece bizi bir sürü rüyaların ağıyla sarıyor. Yeşil ovadan neşe içinde döndüğümüz bir sırada, bir kuş ötünce, "Acaba niçin öttü! Felâket!" diyoruz. Bâtıl inançlar er-geç etrafımızı sarıyor. Güya olağanüstülükler oluyor, birtakım alâmetler beliriyor, bize uyarılarda bulunuluyor. Böylece biz ürkek bir halde, yapayalnız kalıyoruz. Kapı gıcırdıyor, fakat kimse içeriye girmiyor.

(İrkilerek.)

Burada kimse var mı?

Üzüntü

Bu soruya "Evet!"demek gerekiyor.

Faust

Peki, ama sen kimsin?

Üzüntü

Buradayım işte.

Faust

Çekil git!

Üzüntü

Ben tam yerimdeyim.

Faust

(Önce öfkelenip, sonra yumuşayarak, kendi kendine.)

Dikkatli davran ve ağzından büyüyle ilgili bir kelime bile kaçırma.

Üzüntü

Beni hiçbir kulak duymasa bile, yine herkesin kalbini sızlatırım. Değişik şekillerde, amansız bir şiddet gösteririm. Gerek yollarda ve gerek dalgaların üstünde, hiçbir zaman aranmadığı halde daima raslanan, kınanan kadar da okşanan, oldum bittim korkunç bir arkadaşım ben... Sen Üzüntü'yü hiç tanımıyor musun?

Faust

Ben yalnız dünyayı dolaştım, her zevki saçlarından yakaladım, beni tatmin etmeyeni salıverdim, sıyrılıp kaçmak isteyeni de serbest bıraktım. Türlü türlü hevesler duydum, her isteğimi yerine getirdim, sonra yine birçok arzulara kapıldım ve böylece ömrümü hep fırtınalar içinde geçirdim. Önce büyük ve kudretli adımlar atıyordum. Şimdi akıllı ve tedbirli davranıyorum. Yeryüzünü yeteri derecede biliyorum. Öte tarafa bakan pencere ise bizim için kapalıdır. Kamaşan gözlerini kırpıştırarak oraya doğru çeviren ve bulutların üstünde kendine benzeyenler bulunduğunu hayal eden, budaladır! O olduğu yere sımsıkı basmalı ve burada etrafına bakmalı. Yetenekli olan için bu dünya dilsiz değildir. Onun sonsuza kadar dolaşmasına ne gerek var! Bildiği şeylerin hepsi, elle tutulabilir. Onun için o yeryüzünde yoluna devam etmeli, karşısına hayaletler çıkarsa aldırmamalı, yolunda giderken hem acı duymalı, hem de mutluluk bulmalı, fakat hiçbir zaman memnun olmamalı!

Üzüntü

Benim bir kere elime geçirdiğim kimse için, artık dünyada hiçbir şeyden hayır yoktur. Her tarafa sonsuz karanlıklar çöker, güneş ne doğar ne de batar, görünüşte onun duyguları mükemmel olduğu halde, içinde zulmetler yaşar ve servetlerinin hiçbirini terketmez. Mutluluk da, felâket de, onu kuruntuya düşürür, bolluk içinde açlık çeker. Gerek sevinci, gerekse azabı, hep ertesi güne iter, yalnız geleceğe bel bağlar ve böylece hiçbir zaman onun işi bitmez.

Faust

Tamam, yeter artık! Sen beni bu şekilde tuzağa düşüremezsin! Ben böyle saçma şeyler dinlemekten hoşlanmam. Çekil git! Bu kötü nakarat, en akıllı adamı bile çileden çıkarabilir.

Üzüntü

Gitsin mi, yoksa gelsin mi? Onun iradesi elinden alınmıştır. Dümdüz bir yolun ortasında sendeleyerek ve korka korka yürür, gittikçe daha derin bir gaflete dalar, her şeyi daha çarpık görür, hem kendisini, hem de başkalarını rahatsız eder ve soluk aldığı halde tıkanır. Nefesi kesilmemiş olmakla birlikte cansızdır. Ne ümitsizliğe düşmüştür, ne de şükürdedir. İşte böylece önüne geçilmez bir yuvalanma, ıstıraplı bir sarhoşluk, bir mecburiyet, kurtuluş, eziliş, yarım uyku ve kötü bir dinlenme, onu olduğu yere çiviler ve cehenneme hazırlar.

Faust

Uğursuz hayaletler! İşte siz insan neslini böyle bin

türlü azaplara sokarsınız. En gamsız günleri bile, etrafı işkence ağlarıyla örülmüş, çirkin bir karmaşaya çevirirsiniz. Biliyorum, şeytanlardan kurtulmak güçtür. Bu mânevi ve kuvvetli bağ koparılamaz. Fakat, ey Üzüntü, ben senin o büyük ve sinsi kudretini tanımayacağım.

Üzüntü

O halde bunu senden nefretle uzaklaşırken, öğren bakalım! İnsanlar bütün ömürlerince kördürler, şimdi sen de sonunda öyle ol, Faust! (Yüzüne doğru üfler.)

Faust

(Kör olmuştur.)

Karanlık gittikçe daha ziyade koyulaşarak buraya doluyormuş gibi geliyor bana. Fakat benim içimi parlak bir ışık aydınlatıyor. Düşüncelerini hemen yerine getireceğim. Haydi kalkınız, uşaklarım! Hepiniz birden harekete geçiniz! Benim cesaretle düşündüklerimi, siz herkese başarıyla gösteriniz. Aletlerinizi alınız, kazma ve küreklerinizi işletiniz! Tasarlanan şeyler derhal meydana çıkmaldır. Sıkı bir düzenle seri bir faaliyet, en güzel mükâfatı peşinden çeker. Bu muhteşem eserin ortaya çıkması için, tek bir zekâ bin ele yeter.

Sarayın büyük ön avlusu, meşaleler

Mephistopheles

(En önde nezaretçi olarak.)

Ey titrek Lemur'lar, tellerle kirişlerden ve kemiktlerden yarım yamalak yapılmış mahlûklar! Buraya geliniz! İçeriye giriniz!

Lemur'lar

(Koro halinde.)

Biz hemen senin emrine giriyoruz. Yarı duyduğumuza göre, galiba geniş bir ülkeden bahsediliyor ve bu bize verilecek. İşte sivri kazıklar ve ölçmeye has uzun zincir şurada duruyor. Niçin çağrılmış olduğunuzu unuttuk.

Mephistopheles

Burada sanatkârane bir gayrete lüzum yoktur. Sadece kendi ölçülerinize göre iş görünüz! En uzun boylunuz, boylu boyunca yere uzansın, sizler de onun dört bir etrafındaki çimenleri havalandırınız; babalarımız için yaptıkları gibi, derin bir çukur kazınız! Saraydan bu daracık meskene, işte sonunda yine her şey böyle budalaca sona erer...

Lemur'lar

(Alaycı tavırlarla yeri kazarak.)

Bana öyle geliyor ki, gençliğimde severek yaşadığım zamanlar, pek tatlıydı. Nerede neşeli bir çalgı ve eğlence olursa, ayaklarım beni oraya sürüklerdi. Derken sinsi ihtiyarlık bana koltuk değneğiyle dokundu, ben de mezarın kapısı üstüne yıkılıverdim. Neden bu tam o sırada açık duruyordu?

Faust

(Saraydan çıkarak, kapının direklerini yoklar.)

Kazmaların takırtısı beni nasıl sevindiriyor! Bu kalabalık benim için çalışıyor, toprakları birbirine katıyor, dalgalara set çekiyor, denizi sımsıkı sarıyor.

Mephistopheles

(Ona duyurmadan.)

Sen o setlerinle ve merdivenlerinle yine ancak bizim için uğraşmış oluyorsun. Çünkü su şeytanı Neptun'a, şimdiden büyük bir ziyafet hazırlıyorsun. Siz her zaman mahvoldunuz... Bütün unsurlar bizimle ilişkilidir ve her şey bir felakete doğru gidiyor.

Faust

Nezaretçi!

Mephistopheles

Burdayım!

Faust

Mümkün olduğu kadar kalabalık sürüler halinde işçiler bul, onları tatlı dille veya sertlikle gayrete getir, parayla kandır, sıkıştır! Açılmakta olan hendeğin ne kadar ilerlediğinden, günü gününe haberdar olmak istiyorum.

Mephistopheles

(Biraz yüksek sesle.)

Bana verilen habere göre, bir hendekten değil, bir mezardan bahsediliyor.

Faust

Dağlara doğru uzanan bir bataklık öyle mi? Şimdiye kadar kazanılan bütün yerlerin havasını berbat ediyor. Bu pis su birikintisini de çekip boşaltmak en son ve en büyük kazancımız olacak. Ben milyonlarca insana, emniyet içinde değilse bile, herhalde faal ve hür olarak yaşamaları için, sahalar açıyorum. Bu ova yeşil ve bereketlidir. İnsanlarla hayvan sürüleri, bu yepyeni toprakların üstünde, çabucak rahata kavuşacaklar, cesur ve çalışkan bir halk kitlesinin meydana getirdiği o koskoca tepeye, hemen yerleşiverecekler. Buranın içerisi cennet gibi bir ülke olacak. O zaman varsın dışarıda kuduran dalgalar, seddin üstüne kadar çıksın. Deniz içeriye şiddetle saldırmak için bunu kemirdiği takdirde, bütün halk açılan gediği elbirliğiyle kapatmaya koşacak. Evet! Ben kendimi tamamen bu düşünceye verdim. Akıl ve hikmetin son kararı budur. Hayata olduğu gibi hürriyete de ancak onu her gün yeniden elde etmek zorunda bulunan, lâyıktır. Böylece çocuklar, büyükler ve ihtiyarlar değerli yıllarını, burada tehlikelerle sarılı olarak geçirecekler. Ben böyle bir kaynaşmayı görmek ve serbest topraklar üstünde, hür bir milletin arasında bulunmak isterdim. İşte ben o âna, "Dur gitme, aman ne güzelsin!" diyebilirdim. Benim yeryüzünde geçirdiğim günlerin izi, asırlarca kaybolmayacak. Bu yüksek mutluluğu içimde duyarak, şimdi en yüce bir ânın zevkini tadıyorum.

(Faust arkaya doğru yıkılır, Lemur'lar onu tutup yere yatırırlar.)

Mephistopheles

Onu hiçbir zevk doyurmuyor, hiçbir mutluluk tatmin etmiyor. Bu suretle yine hep değişen şekillerin peşinden koşuyor şu en kötü ve boş anı da, zavallı, alıkoymak istiyor. Fakat zaman hükmünü sürüyor ve bana karşı o kadar şiddetle dayanan bu ihtiyar, işte şimdi kumların üstünde yatıyor. Saat duruyor...

Koro

Duruyor! Gece yarısı gibi susuyor. Yelkovanı da düşüyor.

Mephistopheles

Düşüyor, artık tamam oldu.

Koro

Her şey bitti!

Mephistopheles

Bitti! Bu çok ahmakça bir söz. Neden bitti? "Bitti" ile "Hiç" tamamen birdir. Yaratılanı zorla elimizden alıp hiçe çevirdikten sonra, sonsuz yaratılışın bize ne faysatı olacak! "İşte artık bitti!" demekten ne anlaşılabilir? Bu âdeta, "Hiç mevcut olmamıştı" der gibi bir şey oluyor. Halbuki her şey varmış gibi, ortada dönüp dolaşıyor. Onun için ben ebedî boşluğu tercih ederim.

Mezara koyma

Lemur

(Tek olarak.)

Kim bu evi, kazma ve küreklerle, böyle bu kadar kötü yaptı?

Lemur'lar

(Koro.)

Senin gibi çul elbiseli çirkin bir misafire, bu çok bile.

Lemur

(Tek olarak.)

Kim bu salonu böyle bu kadar kötü döşedi? Hani, masa ve iskemleler nerede?

Lemur'lar

(Koro.)

Onlar kısa bir süre için ödünç olarak verilmişti. Alacaklılar o kadar çok ki...

Mephistopheles

Vücut yerde yatıyor, ruh da kaçmaya çalışıyor. Ben hemen ona kanla atılmış olan imzayı göstereceğim... Fakat ne yazık ki, şeytanın elinden canları çekip kurtarmak için şimdi pek çok vasıtalar var. Eski yolda çatışıyor, yenisindeyse, bizi hoş görmüyorlar. Eskiden olsaydı, ben bu işi tek başıma yapardım, fakat şimdi yardımcı çağırmak zorundayım. Bizim her hususta işimiz iyi gitmiyor! Geleneksel âdet, eski hak, artık hiçbir şeye güvenilmiyor. Eskiden o son nefesle birlikte dışarıya fırlardı, ben gözetlerdim ve en çevik fare gibi, şıp diye sımsıkı kapanan pençelerimle, onu yakalayıverirdim. Şimdiyse oyalanıp duruyor ve o karanlık yerden, kötü cesedin o iğrenç meskeninden, bir türlü ayrılmak istemiyor. Birbirinden nefret eden unsurlar, nihayet onu hakaretle kovuyorlar. Ben günlerce ve saatlerce uğraşsam, yine "ne zaman", "nasıl?" ve "nerede?" soruları birer sır oluyor. Eski ölüm o âni kuvvetini kaybetti. Onun "acaba?"sı bile insanı uzun süre şüphe içinde bırakıyor. Çok defalar, kaskatı kesilmiş uzuvları hırsla seyrettim. Fakat bu bir görünüşten ibaretti. Haydi çabuk yaklaşınız! Düz boynuzlu baylar, kıvrık boynuzlu ağalar, eski zaman şeytanları, adımlarınızı sıklaştırınız, aynı zamanda cehennemin ağzını da beraber getiriniz. Gerçi onun çok, hem de pek çok ağızları var! Herkesi rütbesine ve derecesine göre yutar. Fakat ilerde bu son oyundan da pek o kadar endişe edilmeyecek.

(Cehennemin korkunç ağzı sol tarafta açılır.)

Sivri dişler aralanıyor. Gırtlağın içinden ateş seli müthiş bir gazapla fışkırıyor, dipteki kaynar buharların arasında da, ebedî bir kor halinde yanan alevler diyarını görüyorum. Buraya kadar uzanan kızıl dalgalar, dişlere çarpıyor. Mahkûmlar; kurtulmak ümidiyle, yüze yüze geliyorlar. Fakat muhteşem sırtlan onları hemen avuçluyor ve hepsi dehşet içinde, yeniden o kızgın yola devam ediyorlar. Köşede bucakta, daha keşfedilecek pek çok şeyler var. Bu en dar yer, öyle korkunç şeylerle dolu ki! Günahkârları korkutmakla, pek iyi ediyorsunuz. Çünkü onlar bunu yalan, uydurma ve hayal sanıyorlar.

(Kısa ve düz boynuzla şişman ifritlere.)

Ey koca göbekli ve ateş yanaklı keratalar! Cehennemin kükürdünden yiyerek iyi şişmişsiniz ve kızarmışsınız. O kütük gibi kısacık enseleriniz, artık hiç kımıldamıyor! Şurada aşağıda, fosfor gibi bir şeyin parlayıp parlamadığına dikkat ediniz bakalım. Bu küçücük bir can, kanatlı bir ruhtur. Onun tüylerini yoldunuz mu, hemen çirkin bir böcek olur. Hem onu kendi mührümle damgalayacağım. Siz de sonra onunla birlikte, ateş girdabına dalınız! Aşağı bölgeleri iyice gözetleyiniz. Sizin göreviniz budur, şişkin tulumlar. Onun orada ikameti sevip sevmediği, pek o kadar kesinlikle bilinmemektedir. Fakat göbekte oturmaktan hoşlanır. Siz buna dikkat ediniz, o buradan kaçarak elinizden kurtulabilir.

(Uzun ve kıvrık boynuzlu sıska ifritlere.)

Ey koca budalalar, dizibaşlar kadar iri yarı devler! Siz de havaya doğru uzanınız ve kollarınızı gerip sivri tırnaklarınızı uzatarak, durup dinlenmeden etrafı tarayınız ki, uçanı, kaçanı yakalayabilesiniz. O bu köhne evde muhakkak rahatsız oluyor ve bu deha hemen yukarıya çıkmak istiyor.

(Yukardan sağ taraftan bir Nur iner.)

Gökyüzü ordusu

Elçiler, gökyüzü mensupları, yetişin: Günahkârları, affedip tozu toprağı canlandırmak için, güzel bir uçuşla yaklaşın. Süzüle süzüle geçerken duraklayarak, dostluğumuzun eserlerini, bütün mahlûklara gösterin.

Mephistopheles

Kötü sesler işitiyorum, çirkin bir zırıltı duyuyorum. Bunlar, alçak bir ışıkla birlikte, yukarıdan geliyorlar. Yarı oğlan, yarı kız sesine benzeyen bu dırıltıları, sofular pek severler. En kötü saatlerimizde, insan neslinin imhası için, nasıl çareler düşündüğümüzü bilirsiniz. Bizim nefret ettiğimiz en yüz kızartıcı şeyi, onlar dini âyinlerine özellikle uygun buluyorlar. Sinsi sinsi geliyorlar, alçaklar! Bunlar bu şekilde bizim elimizden bir çoklarını çekip aldılar. Bize karşı kendi silâhlarımızla savaşıyorlar. Bunlar da birer şeytan, fakat külâhlı soyundan. Burada partiyi kaybetmek, sizin için ebedî bir leke olurdu. Mezara yaklaşarak, kenarında sımsıkı durunuz!

Melekler korosu

(Güller saçarak.)

Ey gözleri kamaştıran ve misk gibi kokular saçan

güller! Dalgalana dalgalana uçarak, her şeyi gizlice canlandıran, kanatlı dalların üstündeki mühürleri çözülmüş goncalar, çabuk açılınız.

Bahar, kırmızı ve yeşil renkleriyle fışkıran; siz de şurada yatanın etrafını cennete çeviriniz.

Mephistopheles

(İblisler.)

Ne diye büzülüp titriyorsunuz? Cehennemde böyle bu adet var mı ki? Metanetinizi muhafaza ediniz ve bırakınız onlar istedikleri gibi serpsinler. Her ifrit kendi yerine geçsin! Bu çiçeklerle, ateşli şeytanları korlara gömebileceklerini sanıyorlar. Bunlar sizin nefesinizden eriyip büzülüversin. Haydi üfürünüz bakayım, üfürücüler!... Yeter, yeter! Sizin sıcak soluğunuzdan, bütün uçuşanlar sararıp soluyor... O kadar şiddetle değil! Ağızlarımızı ve burunlarımı kapatınız! Pek kuvvetli üflediniz, doğrusu. Siz zaten hiçbir şeyin gerçek ölçüsünü bilemezsiniz ki! Onlar yalnız büzülmekle kalmıyor, aynı zamanda kararıyor, kuruyor ve tutuşuyor. Artık zehirli ve berrak alevlerle üstümüze doğru uçuyorlar. Bunlara meydan okuyunuz, birbirinize sımsıkı dayanınız!... Kuvvetleri kesiliyor! Hepsinin cesareti kırıldı! Şeytanlar yabancı ve riyakâr bir alevin kokusunu duyuyorlar.

Melekler korosu

Kutsal çiçekler, sevimli alevler... Kalplerin istediği gibi, sevgi açınız, sevinç yaratınız. Doğru sözler söyleyen ve havanın berraklığı içinde yüzen ebedî sürüler için, her şey aydınlıktır!

Mephistopheles

Lânet olsun böyle rezil budalalara! İfritler başlarının üstünde duruyorlar ve bu hantallar, takla üstüne takla atarak, kıç üstü cehenneme yuvarlanıyorlar. Hak ettiğiniz bu kızgın banyo size mübarek olsun! Fakat ben olduğum yerde kalıyorum...

(Etrafında uçuşan güllerle pençeleşerek.)

Yalancı ışıklar, çekilin! Sen ne kadar kuvvetli ışık saçsan yine, yakalanınca, iğrenç bir balçık olursun. Ne diye uçuşuyorsunuz? Defol diyorum sana!...

(Ensesine katran ve kürkürt gibi yapışıyor.)

Melekler korosu

Sizden olmayanlardan kaçınmalısınız, içinizi sıkanlara da tahammül etmemelisiniz. Bunlar zorla nüfuz ettikleri, takdirde, biz bütün gayretimizi bir araya toplamalıyız. Sevenleri ancak sevgi buraya getirir!

Mephistopheles

Başım, yüreğim ve ciğerim yanıyor. Bu şeytandan üstün bir unsurmuş! Cehennem ateşinden çok daha keskin!.. Demek ki, siz onun için bu kadar dehşetli inliyorsunuz ve hakaret gördüğünüz halde, boyunlarımızı tersine bükercesine sevgililerinizi gözetliyorsunuz, bedbaht âşıklar! Bana da bir şeyler oluyor! Başımı o tarafa doğru çeviren nedir? Ben onunla yeminli bir savaşta değil miyim ki! Eskiden bu manzara bende ne kadar şiddetli bir nefret uyandırırdı. Yoksa içimi baştanbaşa yabancı bir duygu mı kapladı? Bu son derece sevimli yavruları, âdeta zevkle seyrediyorum. Beni böyle ne alıkoyuyor ki. Onlara lânet okuyamıyorum?.. Eğer ben de aklımı kaçıracak olursam, bundan sonra artık kime deli denilebilir? Lâkin benim nefret ettiğim bu afacanlar, bana pek de hoş görünüyorlar! Ey güzel çocuklar, söyleyin bana bakayım; siz Lueifer'in soyundan değil misiniz? O kadar şirinsiniz ki, sizi âdeta öpmek istiyorum ve galiba tam da vaktinde geliyorsunuz. Sanki sizi şimdiye kadar bin kere görmüşüm gibi, içimde tabii bir haz duyuyorum, tıpkı kendileri gibi gizlice iştahlanamıyorum ve her bakışta sizi daha güzel buluyorum. Ah ne olur, yaklaşın da bana bir aşk lûtfedin?

Melekler

Geliyoruz işte, fakat neden böyle geriliyorsun? Biz yaklaşıyoruz, sen de, eğer elindeyse, olduğun yerde kal bakalım!

(Melekler yayılarak, bütün sahayı bir çember içine alırlar.)

Mephistopheles

(Sahnenin ön kısmına doğru itilmiş olduğu halde.)

Siz, bize alçak ruhlar diye hakaret edersiniz, halbuki asıl büyücü ustaları sizisiniz. Çünkü hem erkekleri, hem de kadınları baştan çıkarıyorsunuz!... Ne Allah'ın belâsı bir maceraymış bu! Sevginin unsuru bu mudur? Bütün vücudun ateşleri içinde, ensenin yandığını hemen hemen duymuyorum bile... Oraya buraya uçuşup duruyorsunuz. Haydi artık yere konunuz ve o güzel uzuvlarınızı biraz daha dünyevî şekilde kımıldatınız. Ciddiyet size pek yakışıyor, doğrusu! Bununla beraber, ben sizi bir kerecik olsun gülümserken görmek isterdim. Bu benim için ebedî bir zevk olurdu. Yani, âşikar baktıkları vakit olduğu gibi, demek istiyorum. Ağzın kenarında küçücük bir çizgi, işte o kadar. Hele sen, uzun boylu çocuk, ben en ziyade senden hoşlanıyorum. Papaz tavrı sana hiç de iyi gitmiyor. Bana şöyle biraz çapkınca baksana! Siz pekâlâ çıplak da gezebilirdiniz. Bu uzun ve büzgülü gömlekler, gereğinden fazla kapalı... Şimdi de dönüyorlar. Onları arkadan seyretmek!.. Pek de iştah uyarıcı şeyler, bu keratalar!

Meleler korosu

Aydınlığa doğru dönünüz, ey muhabbetli alevler! Kendilerini kınayanları hakikat iyileştirsin ki, onlar da bütün birliğin içinde mutlu olmak üzere, o aşağılık adamın elinden kurtularak sevinç duysunlar.

Mephistopheles

(Kendini toplayarak.)

Ben ne hale geliyorum!.. Tıpkı her tarafı yara bere içinde kalarak, kendisini baştan aşağıya süzdüğü zaman tüyleri ürperen, aynı zamanda da kendisine ve nesline güvenince muzaffer olan, Eyyub'a benziyorum. Fakat şeytanın asîl taraftarı artık kurtuldu. Sevi belâsı derimin üstüne fışkırıyor. O alevler yandı bitti. Ben de, yakışık aldığı gibi, hepinize birden lânet okuyorum!

Melekler korosu

Ey kutlu alevler! Siz kimin etrafında uçuşursanız, o hayatta ve iyilerin arasında mutlu olduğunu hisseder. Hepiniz birleşerek yükseliniz ve şükrediniz! Hava temizlendi, ruh nefes alsın!

(Faust'un ölmez benliğini alıp götürerek, yükseldiler.)

Mephistopheles

(Etrafına bakınarak.)

Bu nasıl iş?.. Nereye çekip gittiler? Küçücük çocuklar sürüsü, sen beni şaşırttın. Ganimetleri ile birlikte gökyüzüne doğru uçtular. Demek ki, onlar bunun için şu çukuru didiklediler! Benim en büyük ve biricik servetim aşırıldı. Kendisini bana teslim etmiş olan o yüksek ruhu, el çabukluğu ile kapıp kaçtılar. Ben şimdi kime dert yanayım? Kazanılmış hakkımı bana kim verecek? Sen ihtiyarlık demlerinde aldatıldın ve bunu hak ettin. İşlerin son derece fena gidiyor. Ben yüz kızartıcı bir hata işledim ve büyük bir emek ziyan oldu. Ne rezalet! Âdi bir arzu, mânasız bir sevda, katranlı şeytana musallat oldu. Bu akıllı ve görgülü mahlûk, böyle çocukça ve delice bir şeyle meşgul oldu ama, sonunda onu alt eden bu delilik de, öyle önemsiz bir şey değildi, doğrusu.

Dağ geçitleri

Orman, kayalık, ıssızlık

Yamaçlardan yukarıya doğru dağılmış ve kaya koruklarına yerleşmiş birtakım insanlar.

Koro ve yankısı

Orman üstümüze yıkılacak gibi oluyor. Kayaların ağırlığı onu tutuyor, kökler bunlara kenetleniyor ve birbirlerine yaslanacak kadar sık ağaçlar, dimdik yükseliyor. Dalgalar arka arkaya çarparken, mağaraların en derini bizi barındırıyorlar. Aslanlar da birer dilsiz dost gibi etrafımızda dolaşarak, bu mübarek yere, sevginin bu kutlu sığınağına, hürmet ediyorlar.

Pater Ecstaticus

(Bir yukarıya, bir aşağıya doğru uçarak.)

Sonsuz sevinç ateşi, alevli muhabbet bağı, yakıcı göğüs acısı, coşkun Allah sevgisi. Oklar, beni delip geçin; mızraklar, beni yere serin; topuzlar, beni parçalayın; yıldırımlar, beni kül edin! Değersiz şeylerimin hepsi uçup gitsin, ve yalnız sonsuz sevginin çekirdeği olan o sönmez yıldız parlasın.

Pater Profundus

(Aşağı bölge.)

Derin bir uçuruma dayanan yalçın kayalar, nasıl ayaklarımın dibinde duruyor; binlerce dere, korkunç şelâlelerin köpüklü sularına doğru, nasıl parıldayarak akıyor: ağaçlar da kendi kuvvetli hamleleriyle, nasıl havaya doğru heybetle yükseliyor: İşte bunlar, her şeyi vücuda getiren, her şeyi koruyan ve her şeye kadir olan aşkın eseridir. Etrafında, sanki orman ve kayalar yerinden oynuyormuş gibi müthiş bir uğultu var. Bununla beraber, vâdiyi hemen sulamak için çağırılan bol sular, uçurumdan aşağıya doğru, sevimli bir şırıltı ile yuvarlanıyor. Bağrında zehirli buharlar taşıyan havayı temizlemek için, alevler saçarak düşen yıldırım da dâhil olduğu halde bunlar, bu aşkın habercileridir. Bize, sonsuz yaratılışın etrafımızda hükümran olduğunu bildiriyorlar. O, benim içimi de ateşlendirmek iyiliğini gösterse, şaşkın dönen ve buz gibi soğuyan ruhum orada, kör duyguların dar çerçevesi içinde, onu sımsıkı saran zincirlerin acısından, kıvranıp duruyor. Hey Allah'ım! Üzüntülerimi hafiflet, şu zavallı kalbimi aydınlat artık!

Pater Seraphicus

(Orta bölge.)

Çamların sallanan saçları arasında, hangi sabah bulutu dolaşıyor böyle? Yoksa ben içimde yaşayan birini mi hissediyorum? Küçücük ruhlar sürüsüymüş bu...

Mutlu çocuklar korosu

Bize şunu söyle, baba: Biz nereye gidiyoruz? Ne olur söyle: Biz kimiz? Çok mutluyuz; bu varlık hepimize, evet hepimize öyle tatlı geliyor ki...

Pater Seraphicus

Gece yarısı doğan, ana ve babalar için hemen birer kayıp, melekler için de birer kazanç olan, zihin ve duyguları yarı kapalı çocuklar! Pekâlâ hissediyorsunuz ki, karşınızda seven bir kalp var. O halde yaklaşınız bakalım. Fakat siz, mutlu yavrular, yeryüzünün o çetin yollarını hiç bilmezsiniz! Aşağı ininiz de, dünyaya ve yeryüzüne göre yaratılmış birer uzuv olan gözlerimin içine girin ve bunları kendinizinmiş gibi kullanarak, buraları seyredin!

(Onları içine alır.)

Şunlara ağaç, bunlara kaya, aşağıya doğru yuvarlanarak o dimdik yolu müthiş bir hamleyle kısaltan şu coşkun sulara da, şelâle derler.

Mutlu çocuklar

(İçeriden.)

Görünüşü heybetli olmakla beraber, burası pek kasvetli bir yer, bizi korku ve dehşetten titretiyor. Asîl yiğit, bırak bizi de gidelim!

Pater Seraphicus

Daha yüksek bir tabakaya çıkınız ve ezelden beri olduğu gibi tertemiz bir şekilde, Allah'ın varlığından kuvvet alarak, hiç belli etmeden mutluluk duyunuz. Zira, havanın en serbest yerinde hükümran olan ruhların gıdası budur. Ebedî sevginin, sonsuz mutluluğa doğru yayılan yansıması...

Mutlu çocuklar korosu

(En yüksek tepelerin etrafında dolaşarak.)

Neşeli bir halka halinde birleşmek için, hep el ele veriniz ve oynayıp şarkı söyleyerek, o kutlu duyguları haykırınız! Size saygı gösterdiğimi göreceksiniz; Allah tarafından korunduğunuz için, güvenebilirsiniz.

Melekler

(Faust'un ölmez benliğini taşıyıp, havanın daha yüksek bir tabakasında yüzerek.)

Ruhlar âleminin asîl üyesi, artık o alçağın elinden kurtuldu: "Daima canla başla uğraşanı, biz kurtaracağız.". Hele yukarının sevgisi de onunla ilgilenince olunca, mutlular sürüsü onu candan bir sevinçle karşılar.

Meleklerin küçükleri

Yürekleri sevgiyle dolu olan mübarek tövbekâr kadınların ellerinden dökülen güller, zaferi kazanmamıza ve bu ruh hazinesini ele geçirmemize yardım etti. Biz bunları serpince onlar geriledi ve bunlar üzerlerine dokununca şeytanlar kaçtı. Aşılmış olan cehennem azapları yerine, ruhlar aşk acısı duydu. İblislerin o ihtiyar ustası bile, müthiş ıstıraplar içinde kıvrandı durdu. Avazınız çıktığı kadar haykırarak sevininiz! Zafer bizde kaldı.

Meleklerin gelişmiş olanları

Şimdi bize, taşıması zahmetli olan bir dünya artığı kalıyor. Bu bulaşıcı bir mikroptan bile olsa, yine temiz değildir. Ruhun o büyük kuvveti unsurları kendine doğru çekince, hiçbir melek bunların birbirleriyle kaynaşmasından meydana gelen ikiz bünyeye bölünmez ve ancak sonsuz aşk bunları ayırabilir.

Meleklerin küçükleri

Tam şu sırada, yüksek kayaların etrafını bir sis gibi saran ve yakınımızda kımıldanıp duran, kalabalık bir ruh kitlesi bulunduğunun farkına varıyorum. Küçücük bulutlar aydınlanıyor. Dünyanın yükünden kurtularak halka halinde toplanıp, gökyüzü âleminin bu yeni baharı ve süsü karşısında sevinç duyan mutlu çocukların, kaynaşan sürüsünü görüyorum. O ilk önce, tam gelişmeye doğru yükselmek üzere, bunların arasında katılsın!

Mutlu çocuklar

Bunu bir koza halinde, sevinçle aramıza alıyoruz. Demek ki bize bir melek emanet ediliyor. Ona sarılı olan yumağı sıyırıp atınız! Kutlu hayata kavuşunca, hemen güzelleşip büyüyüverdi.

Doktor Marianus

(En yüksek ve en temiz hücrede.)

Buranın manzarası çok ferah, âdeta ruhumun yükseldiğini hissediyorum. Oradan birçok kadınlar geçerek, yukarıya doğru uçuyorlar. Bunların arasında ve yıldızlardan yapılmış bir çelengin ortasına bulunan muhteşem kadın, gökyüzünün kraliçesidir. Bunu, göz kamaştırıcı parıltısından anlıyorum.

(Coşarak.)

Kâinatın en şanlı melikesi! Bırak da, gökyüzünün o gergin mavi çadırının içinde, senin sırrını seyredeyim: Bir erkeğin kalbini böyle şiddetle çarptıran ve onu mukaddes bir aşk arzusuyla sana doğru koşturan bu coşkunluğu hoş gör. Sen haşmetle emrettiğin zaman bize yenilmez bir cesaret gelir ve sen bizi teskin edince, içimizdeki coşku birden bire sakinleşir. Kelimenin en güzel anlamıyla sâf genç kız, her türlü hürmete lâyık anne, bizim için seçilmiş ilâhlar ayarında kraliçe. Onun etrafında hafif ve küçücük bulutlar kıvrılıp duruyor. Bunlar tövbekâr kadınlar, onun dizlerinin etrafındaki havayı içlerine çekerek af dileyen, narin mahlûklar. Ey kimsenin eline bile dokunduramadığı, kolayca baştan çıkarılabilenlerin sana samimiyetle sokulmalarında, senin için hiçbir sakınca yoktur. Zayıflığa kurban giden o zavallıları kurtarmak güçtür. Arzuların zincirlerini kim kendi kuvvetiyle koparabilir?

(Mater Gloriosa uçarak gelir.)

Tövbekâr kadınlar korusu

Sonsuz ülkelerin sonsuz yüksekliklerine doğru uçan eşsiz ve merhametli kadın. Bizim yalvarmalarımızı dinle!

Magna Peccatrix

(St. Lucae VII, 36.)

Allah'ın lûtfuna nail olan oğlunun ayaklarına, o hain

dinsizin eleştirilerine rağmen, şifa verici gözyaşları döktüren o sevginin, o kadar bol bir şekilde güzel kokular saçan o kâsenin: onun kutlu uzuvlarını yumuşacık telleriyle kurulayan o saçların...

Mulier Samaritana.

(St. Joh.l II.)

Vaktiyle İbrahim'in sürülerini gönderdiği o çeşmenin; ulu kurtarıcının dudaklarına serin serin dokunabilen o kovanın; oradan fışkıran, taşkın ve ezelden berrak suları şimdi dünyanın her tarafından geçen, o temiz ve coşkun pınarın...

Maria Aegyptlaca

(Acta Santorum.)

Efendimizi yatırdıkları o mübarek yerin; beni ikaz ederek kapıdan geriye doğru iten o kolun; çölde saadakatle yerine getirdiğim o kırk senelik tövbekârlığın ve kumların üzerine yazdığım o kutsal veda sözünün hatırı için...

Üçü birden

Büyük günahlar işleyen kadınlar sana yaklaştıkları zaman bunları reddetmeyerek, tövbeyle elde ettikleri kazancı, sen sonsuz saadete kadar yükselttiğin gibi, yalnız bir kere kendisini unutan ve günah işlediğinin farkında bile olmayan bu iyi ruhu da, merhametine lâyık görerek affet!

Bir tövbekâr kadın

(Vaktiyle Gretehen adını taşıyan kız.)

Ey eşsiz nur kaynağı! Yüzünü çevir de benim mutluluğuma şefkatle bak! Artık kötülüklerden kurtulmuş olan benim ilk ve biricik sevgilim, tekrar geliyor.

Mutlu çocuklar

(Daireler çizerek yaklaşırlar.)

O, heybetli haliyle bizi şimdiden geçiyor. Görmüş olduğu bağlılık ve özenin ödülünü bol bol ödeyerek. Biz dünyada yaşayanların arasında pek erken uzaklaştırıldık. Fakat o tecrübe gördü, ve bizi kutsayacak...

Tövbekâr kadınların biri

(Vaktiyle Gretehen adını taşıyan.)

Etrafını saran asîl ruhlar sürüsünün ortasında, bu yeni gelen kendisini ancak tanıyabildiği ve bu yepyeni hayatın henüz farkına varmaya başladığı halde, şimdiden o mukaddes kitleye benziyor. Hak nasıl bütün yeryüzü bağlarından ve eski kisvesinden sıyrılmış, esirden bir elbise içinde, ilk gençlik kuvvetiyle ilerliyor! İzin ver de onu alıştırayım, bu yeni ışık hâlâ onun gözlerini kamaştırıyor.

Mater Gloriosa

Gel! Daha yüksek çevrelere doğru çık! O seni hissederse, peşinden gelir.

Doktor Marianus

(Yüzüstü kapanıp tapınarak.)

Ey ince ruhlu tövbekârlar! Mutlu kaderinize şükrederek nefsinizi ıslah etmek için, başınızı kaldırıp kurtarıcının gözlerine bakınız. Bütün temiz duygulular senin kölen olsun. Genç kız anne, kraliçe, ilâhe; hep böyle lûtufkâr ol!

Lâhuti koro

Bütün bu olup bitenler birer işaretten ibarettir. Erişilemeyen şeyler burada birer gerçek, anlatılamayanlar birer muhteşem ve sonsuz kadınlıktır...